说壶

DECONSTRUCTING THE
CULTURE OF TEAPOT

黄鹏程 — 著

上海人民美术出版社

目录

泥·用

型·玩

工·藏

款·传

序

中国茶文化源远流长，以紫砂为代表的各种材质的茶壶，作为茶文化的载体，成为中国工艺美术大家庭中的一朵奇葩。

随着国民经济的发展，人民生活水平的提高，饮茶已经成为了最容易被获取的一种生活化的养生方式，参与其中的人也越来越多。对于各种茶壶，尤其是紫砂壶的需求，也从纯粹的使用，逐渐提升到了玩赏、收藏甚至传承的高度。小小的茶壶，俨然从一件器物变成了传达中国古典审美、工匠精神和文化自信的使者。

本书作者上海工艺美术大师黄鹏程，是扎根于上海发展的中青年紫砂艺术家、收藏家和紫砂艺术理论的研究者。他从21世纪初开始从事紫砂壶的研究、制作和推广，至今已逾二十载，从一名爱好者开始，逐渐成长为艺术家和专家，从实践出发对紫砂壶的发展做出了自己的贡献。相比传统的紫砂艺术家，黄鹏程有着非同寻常的贴近行业的经历。这就是为什么这本书中充满了各种与壶和行业相关经验的分享，这也是为什么这本书中的内容见解独到，远远超出了一本茶壶工艺、历史及理论"教科书"或者"科普读物"的范畴。

作为一个工艺美术领域的老人，我非常感慨作者对专业知识的博闻强记，以及对行业历史的深入了解，更是非常认可其扎实的基于实践的行业基本功。我曾经在与作者的交谈中得知了许多现在已经没落的紫砂传播平台的故事，作为这些21世纪之后才出现的短暂"历史"的亲历者，他能站在最近20年整个行业爆发式增长的大视角上分析出这门手艺如今的走向，这和他在行业思考中做到了于传统基础上的包容并蓄和一个上海人天生的海纳百川的性格是高度一致的。他曾经在我面前痛斥现在整个行业中抛弃传统器型、不做深入研究、一味求新的现象，他也曾经亲自操刀不惜工本，高度复原了许多历史知名传器，同时他又多次一手促戎紫砂工艺与木雕、大漆、玉器等工艺品门类跨界的创新合作。触类旁通，知识面及涉猎行业的深度和广度，在这本书中都有所表现。他甚至能够在闲聊中将整个行业中大家大族之间的豪门恩怨都细说一二，虽然这些只是茶余饭后，但足见这样一个宜兴的"外乡人"对这个行业的了解之深、关心之切。

我也是第一次在一本如此专业的书中，看到了对"机车壶""灌浆壶"大胆且鞭辟入里的分析，而直面读者最热门的关切，第一次看到了"全手工""半手工"问题近乎颠覆性的理解，言辞犀利但有理有据，也第一次看到了"代工壶""敲章壶"的分辨方式及对其的与众不同的看法。这些都鲜在之前的同类书中出现。

21世纪是年轻人的时代，这本书是一位年轻人写就的关于中国茶壶的年轻的读物。我很高兴在这本书中看到了一位年轻人对中国传统文化独立的思考和认真的态度。写序的当口，作者还在对这本书做最后的"校对"，我好几次到访，他都在伏案细作。作为一位业内专家及国家级工艺美术师，他在承担诸多社会工作及不断创新创作之余，对待写书布道的奉献态度更是值得赞许！同时上海人民美术出版社作为历史悠久的专业出版机构，对于他的要求之高也多次听作者提起，可见此书正式出版之后定当不会让大家失望。

耿鸿民

中国工艺美术行业协会副会长
上海工艺美术行业协会会长
上海工艺美术大师
2021年10月

缘

·起

一个中国人如果想真正自在地喝茶，就无法绕过一把壶。虽然也有人会选择盖杯，或许是略需沏泡技巧的盖碗，甚至有人更愿意图方便而始终停留在用玻璃杯抓一把茶叶泡上就喝的阶段，但大部分中国人在骨子里都会觉得，喝茶就是用壶泡了倒入小杯来喝才算达到了"品茗"的高度；只有壶和杯完美配合，才算真正有可能进入"道"的境界。

于是乎，各地的好茶如砖瓦柱石般，建起了一座中国茶文化的暖阁。茶壶成了炕几上最受欢迎的茶艺的载体，茶道的禅床……对于器物有着异乎寻常偏好的中国人是不会放过这样一个好机会的。他们早就在这个华丽暖阁中，为自己安放下了足够多的各种茗壶供自己坑赏、陶醉。

当代石壶艺术

壶之艺术，是现代社会中形成传统文化艺术的新颖表现形式。当代石壶是以天然生成的石头为原材料，经艺术家精心设计、构思，细心雕刻而成的艺术品，几可乱真。石雕造型壶也以其逼真、自然的写实风格、形神兼备的艺术造型，在石雕艺术领域，同样占有着一席重要的地位。在我国茶文化发展史中，以天然原石为原料制壶是从20世纪80年代开始的。目前石壶艺术已形成三大风格：一是以紫砂茶壶艺术为源本，采用机械加工为主、手工雕刻为辅的仿紫砂造型的石壶，主要是传统雕刻艺术风格；二是以传统雕刻艺术为源，发展形成了现代写实雕刻艺术风格；三是以自然的观赏石造型为源本，进行适当加工，保留原石原味，有现代抽象寓意的自然造型艺术风格。

对一把石壶的制作而言，其构思的成功，便是其设计制作成功的一半，因为其构思的时间往往是制作时间的几十甚至几百倍，花上一年或两年的时间才构思出一枚石壶造型也是常有的事。有思想的石壶，才有真正的收藏价值。

藏书澄泥石雕竹筒秋蝉茶壶 佚名

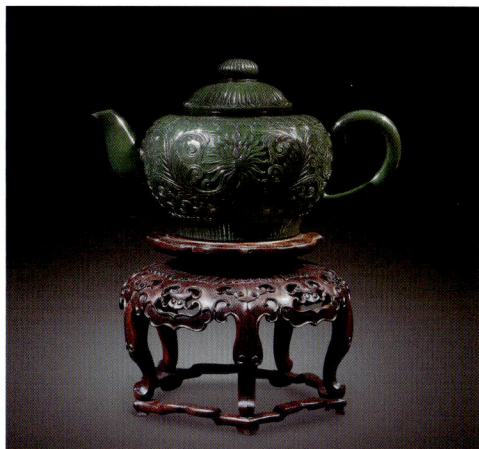

波斯玉壶 孙永

当然，石之美者是为玉，玉壶作为石壶的一种，同样有着上述特性。它们作为对材质变化最少的一种茶壶，在"茶壶暖阁"中兀自冰冷地存在着，当算茶壶中的斑斓美人了。但这些"尤物"中最得宠的一种颜色则是紫色，紫陶与紫砂即是宠儿。

紫陶，泛指各类棕红色陶土材料制作而成的表面无釉陶器。明清以来，全国各地有多处生产此种类型的陶器。其成型方法多为手拉坯成型、注浆成型或者较为原始的泥条盘筑成型等。比较著名的产地有云南建水、广西钦州、重庆荣昌、广东潮州。但是紫砂却未被纳入紫陶，顶多被称为紫砂陶。让我们先来看看这些在各自领域风光无两、"红得发紫"的器物。

云南建水紫陶器

建水紫陶，最初创于清光绪年间。紫陶的泥料产于当地，含铁量高，烧成温度为1200℃左右。紫陶烧成后，质地致密，不渗水，叩之声音悦耳。

云南建水紫陶装饰多为雕刻填泥装饰。生坯时雕刻纹饰，再填入白泥或各种色泥，形成色彩对比，烧结后，经不同粗细的石料多次打磨，产生出温润含蓄的光泽。

建水紫陶器型有茶具、餐具、文具、炊具、花瓶等。

建水紫陶石瓢壶 佚名

建水嵌盖高身桶壶 刘也涵

广西钦州泥兴陶器

钦州泥兴陶，始于清代咸丰年间。泥兴陶的原料产自当地钦江两岸的优质紫泥，后者经过加工，被用来制陶，烧成后，胎质细腻，色近紫而隐现赭黄。

泥兴陶的成型方法为拉坯、捏塑、模印等多种方法，这与紫砂区别较大。装饰为浮雕、平雕、捏塑、镂空、填充、镶嵌等多种。陶器在被烧成后，用金刚砂进行水磨，打磨后涂以石蜡，再进行抛光；亦有不上石蜡，经多次打磨而产生的光泽，被称为"硬光"，效果更好。

制品多为日用品，以碗、盘、茶具、酒具为多，亦有文具、瓶、花盆等器型。

重庆荣昌陶器

荣昌陶器，明清时期就已名扬于世。大约三百年前，荣昌陶器由粗陶进入细陶，当时即行销中外，深受赞赏。20世纪初，荣昌釉陶的生产进入了全盛时期。

荣昌的安富镇是民间工艺美术陶器的著名产地之一。该地盛产红、白两种优质陶土，产品按胎质精细度分粗、细陶两大类。粗陶多为罐、缸、坛、盆、钵等日用陶，细者多为工艺陶、泡菜坛、花瓶、茶壶、文房用品等。产品质地细腻，可塑性好，烧结范围较宽，单一原料即可制作成型。

其他装饰还有以红泥胎质施白泥化妆土采用刻花、剔花工艺雕刻后烧成，作品朴实。

广东潮州朱泥器

潮州枫溪的朱泥器，手拉坯成型。最早记载的史料为清代俞蛟《潮嘉风月记·功夫茶》，其中所提到的潮州功夫茶具都是宜兴所制。

今天现存史料中最早提到的枫溪制壶大师吴英武制朱泥壶，为清道光二十七年，即1847年。潮州人喜欢功夫茶，史料多有记载："茗必武夷，壶必孟臣，杯必若深。三者为品茶之要，非此不足以豪，且不足待客。"

有史料记载潮汕、闽南等地人们饮功夫茶，多推崇宜兴朱泥壶，但潮州当地也生产朱泥壶，以红陶为胎，外施赭红色化妆土，手拉坯成型，底款多是仿宜兴朱泥壶款。

综上所述，若我们将宜兴紫砂陶与云南建水紫陶、广西钦州泥兴陶、重庆荣昌紫陶、潮州朱泥的成型进行比较，不难发现唯有宜兴紫砂陶为打泥片成型，其余均为手拉坯成型或注浆成型。这些材料制作茶壶的工艺不同，造型亦完全不同。当然成型方式的不同，只是紫砂壶区别于其他材质的茶壶的一个方面。它的兴起根本在于茶文化的源远流长，以及明代初期以来茶文化的一次重大变化。

宜兴风景秀丽，以生产陶器闻名，是历史悠久的陶都。早在新石器时代，生活在今日江苏境内的先祖们，便会"抟土为坯，掘地为穴"，以火来烧制陶器了。

宜兴处于江苏省最南面，位居太湖西岸，是典型的丘陵地区。这里不光有茂密的林木、毛竹，山丘下还蕴藏着丰富的煤炭资源，这些都为陶瓷产业的发展提供了充足的燃料。另外

和壶 吴义永

梨形壶 佚名

山丘地区出露大面积的泥盆纪五通群地层，地下蕴藏着丰富的陶土矿产资源，特别是蕴藏在泥盆系石英砂岩上部的原生沉积型黏土质岩，是制造陶器最理想的原料。太湖沿岸又沉积着大量含铁质的土骨，也是陶瓷产业的主要原料。

宜兴的陶瓷产区主要集中在丁蜀镇一带。到了宋代几乎是"家家做坯，处处皆窑"，形成了数十里的窑区的盛况。从窑区往西南去，山高溪深，山上所产的陶土和燃料，都可以从水道运至窑区。由窑区往东北走，河面更宽，直通太湖，可以把陶器产品送往全国各地。

原料充足、燃料丰富、交通便利是宜兴陶业不断发展的首要条件。陶业的兴旺带来了对陶土的大量应用，紫砂矿料由于先天所具备的优异特性，于是就逐渐从陶土中分离了出来。

据《阳羡茗壶系》中记载，明代正德年间（1506–1521），紫砂壶的"创始者"金沙寺僧及书童供春经常与制缸、瓮者相处，从陶工那里学得制陶技术。他们精选制缸、瓮原料中的"细土"，并进一步加以澄炼作为制壶泥料。他们在制作手法上先是手捏成胎，再用圆范规整，然后加上壶嘴、壶柄、壶盖和壶钮等，制成茗壶，最后把坯件附在烧缸、瓮的龙窑中焙烧而成。书中描述的制作过程，从侧面反映出明代中期紫砂器的制作，正逐渐从粗陶制作中分离出来，尽管烧成还不曾独立，但紫砂器的选料与制作已开始进入了从无到有、从粗到精的发展过程。

供春被推为制作紫砂壶的鼻祖的原因，是因为他对紫砂壶的推广，但供春是跟僧人学做的壶，所以有可能金沙寺僧制造紫砂壶的年代要远远早于供春。供春（约1506–1566），又称供龚春、龚春。明正德嘉靖（1522–1566）年间人，生卒不详，原为宜兴进士吴颐山的家童。吴颐山，名仕，字克学，与苏州唐伯虎等友善。正德甲戌年（1514年）进士后以提学副使擢四川参政。据记载，吴颐山未中进士前，读书宜兴金沙寺(在今宜兴湖㳇镇)。书童供春"给使之暇"，发觉金沙僧人将制作陶缸陶瓮的细土加以澄练，捏筑为胎，规而圆之，剜使中空，制成壶样，便"窃仿老僧心匠，亦淘细土，抟坯茶匙穴中，指掠内外"，做成"栗色暗暗如古金铁"的茶壶，这就是后来名闻遐迩的紫砂茶壶。因壶为供春所制，通称"供春壶"。现藏中国历史博物馆的树瘿壶，就是他所制，造型古朴，指螺纹隐现，把内及壶身有篆书"供春"二字。

此壶原为吴大澂所藏，于20世纪30年代年代被储南强先生在苏州一个古玩摊上购得，但缺盖，经当时的制壶名家黄玉磷配上瓜钮盖，后书法大师黄宾虹先生鉴定，觉得在树瘿的壶身上不会长出瓜钮，后又由制壶名家裴石民配灵芝盖。1949年后，此壶被国家相关机构收藏。

在历史上，供春确有其人，他生于明正德年间，这在宜兴县志和有关陶瓷的史料里面都有记载。民间也有关于供春壶的故事，传说明代正德年间有一位读书人在宜兴的金沙寺复习迎考，他的书童供春就在寺内向金沙寺僧学习用紫砂制壶，并且进行了自己的改造，把原来实用性为主的壶制作得更有文化气息。当时文人们对于奇石有一种独特的审美，他们认为"丑极"就是"美极"，如果一块石头达到了"瘦、漏、透、皱"的程度，这就是一块美石。当时供春仿照金沙寺旁大银杏树的树瘿（树瘤）的形状做了一把壶，并刻上树瘿上的花纹，烧成之后，这把壶非常古朴可爱，很合当时文人的意，于是这种仿照自然形态的紫砂壶就一下子出了名，人们都管它叫供春壶。由于身份原因，供春结交的都是一些读书人，文人在一起论文时、聊天时都爱品茶，所以供春壶在文人中很快传播开了。

在对宜兴古窑的调查过程中，人们发现湖㳇镇金沙寺遗址西北一千多米处，有一明代的古龙窑群，以烧制缸、瓮为主，同时也发现了明代中期的紫砂器残片。这也为这一记载提供了一定的事实依据。

1976年宜兴丁蜀镇蠡墅羊角山（与黄龙山余脉相连）附近，发掘出了早期紫砂古龙窑和紫砂残器堆积层。古龙窑长约十米，宽约一米，其中亦有紫砂残器。经南京大学历史系和南京博物院鉴定，古龙窑年代可追溯到北宋中期。

羊角山出土的紫砂残器中有大量的壶嘴、壶把和壶盖，特别是部分壶嘴上捏塑的龙头装饰，与宋代南方流行的龙虎瓶上的捏塑手法完全一致。上海硅酸盐研究所和江苏省陶瓷研究所对羊角山紫砂残器进行鉴定的结果表明，羊角山紫砂残器与现代紫砂器相比较，虽然在原料粒度、制坯工艺及烧成制度上都比较粗糙，但两者都是由一种多种矿物共生的黏土团粒制成。矿物组成属富铁的黏土、石英、云母三元系，并且和现代紫砂一样，胎质内部同样残留石英、云母残骸、赤铁矿、莫来石和双重气孔结构。另外，镇江市博物馆也在一座南宋废井中发现了两件带釉的玉壶春形紫砂注壶。

这一系列的发现证明，紫砂器早在宋代便逐渐从粗陶中分离了出来，以壶类制作为主。成型方法也已脱离陶轮拉坯的做法，而采用了泥片镶接法。壶嘴、壶把、壶的子（壶钮）的粘接，则采用打洞捏塞法。这些方法为以后的紫砂器成型和制作开创了崭新的技艺，也为紫砂器的造型风格奠定了一定的基础。

羊角山残器复原后，器物里外无釉，表面呈紫红色，断面呈紫黑色。壶的造型有高颈壶、矮颈壶、提梁壶等，容量一般在1500毫升左右。残器原料比当时制缸、瓮的原料细腻，但表面致密度差，并且常有火刺现象。这是由于当时制作不够精细和烧成未使用匣钵装套及还原气氛较重的原因。根据做工和容量推测，紫砂壶当时可能是作煎茶、煮水用，这也符合宋代茶事的实际情况。

1966年4月，在南京中华门外马家山油坊桥明代嘉靖十年（1533）吴经墓的发掘中，出土的紫砂提梁壶是极为珍贵且确有年代可查最早的紫砂壶。吴经系明代嘉靖年间的司礼太监，明代是太监擅权的朝代，可见这把随葬提梁壶不是普通之物，这也是紫砂壶进入上层社会的例证。

紫砂胎壶 宋

吴经墓中的这件提梁壶，纯系紫砂胎质，而且造型规正。壶身用泥片附合虚陀，上下两半镶接成型，腹部出现节腠，但外部修工整齐。壶盖未设唇口，背面用"＋"形泥条作固定位置使用，嘴、把均用接榫法制作，流注的下部有一四瓣柿形泥片贴花和壶身相接，这一贴花除了装饰作用外，兼具有加固流与壶身的黏合作用。此提梁壶制作精巧，已经接近成熟阶段。值得注意的是，壶钮修整圆滑，可见当时已使用转盘加工。虽然壶胎泥色还不够纯净，上有缸釉泪及火刺现象，但是其制作手法及造型，与羊角山出土的残器拼复件对比，完全一脉相承。这也反映出紫砂工艺当时正处于完全成熟前的过渡阶段。

吴经提梁壶 明

因此，嘉靖到万历年间（1522-1619）是宜兴紫砂器真正形成工艺体系的时期，也是宜兴紫砂器独树一帜的开端。由于宜兴还有闻名遐迩的阳羡茶，唐代诗人、茶仙卢仝的千古名句"天子未尝阳羡茶，百草不敢先开花"，更使阳羡茶盛誉千载。有了好茶，当地的制陶艺人便更加用心于茶与紫砂的结合，由此也促进了紫砂壶制造业的迅速发展。

明代品茶、论茶之风盛行。文人雅士日

趋追求省时、简便、直接冲泡的"撮泡茶"法，并且普遍偏爱深色茶具，于是紫砂壶更是得到了人们的青睐。紫砂壶从煮茶工具转化为泡茶器，功能的转换及文人的偏爱，为日后紫砂壶的文化内涵下了基调。

继明嘉靖年间的供春之后，紫砂名家不断涌现，特别是明万历年间时大彬等著名壶家妙手努力探索，把"斫木为模"的制法改为槌片、围圈、打身筒的成型法和泥片镶接法相结合，形成了一整套既合理又完善的制作工艺。矿料的选择也更纯净，加工也更细致。那时候烧成已开始使用匣钵套装，使烧成过程中火候得当，且避免了沾缸釉泪及火刺现象，在形制、技法、装饰、铭刻等方面都有了较高的造诣。紫砂器已完全从日用陶器中独立出来，并且拥有了一支专业的工艺队伍。显而易见，紫砂壶已不仅仅是普通的日用品了。

由于紫砂壶的材质特性不仅适应各地名茶，还具有色、香、味兼顾的品茗特点，故其占据了茶事的主要地位，也赢得了能够充分体现"茶的真髓，完美茶事"的美称。历代文人还为紫砂壶留下许多词句，如"茶壶以砂者为上，盖既不夺香又无熟汤气""人间珠玉安足取，岂如阳羡溪头一丸土""茗注莫妙于砂，壶之精者又莫过于阳羡"等等，促使紫砂文化得到了空前的繁荣。

紫砂文化是中国陶瓷文化艺术中的一枝奇葩。紫砂器的制作工艺已被列入国家非物质文化遗产予以保护，并且正在向联合国申报世界非物质文化遗产。紫砂资源是一种非再生性的稀缺资源，只能日益减少甚至枯竭。"皮之不存，毛将焉附"，庆幸现在紫砂矿源已停止开采，这就从源头控制了资源的浪费，也有助于紫砂矿料回归它应有的价值，为紫砂文化长久而又稳定的发展奠定了基础。

泥·用

泥·用

紫砂泥料的辨别

泥料，通常是一种大部分人都看不到它最初状态的东西，所以对于大家而言，对泥巴的了解可能并不需要和一个宜兴当地"炼泥巴"的"挡坯佬"一样明白。你需要的只是在最后一刻足以辨别一把壶的泥料的真伪和好坏的能力。而这种能力在多数情况下，也许不是"知识"，只是"道理"，你只要知道了"道理"，真伪和好坏就已经可以辨别出来了。我们先通过两个故事，说明两个"道理"，再得出两个结论。

曾经在一位非常熟悉的老友家里看到了一把壶，在他要用这把壶沏一泡上好的铁观音招待我之前，我叫停了他："换个壶吧，没有壶就换个盖碗吧。"

"为什么？"朋友似有不解。

"这把西施壶我对照过网上的照片，完全一样，怎么会是假的呢？"我这位在其所处领域德高望重的朋友，一定已经做过了研究，才有勇气拿出这件"宝贝"来招待我这个"业内人士"的，还有他也一定没有意识到，在网上找紫砂壶真伪辨别的信息，是一件多么不谨慎的事情。

"这壶泥料不对。"我把问题的症结直接点给了他。

"这可是一个国家级工艺美术师做的壶哦。"朋友显然觉得一个"有职称"的匠人是不会拿出一把不靠谱的壶的。

"你看看这个证书对不对。"朋友又拿出来一个锦缎的册页。

"这壶泥料真的不对。"我根本没有去接那个证书，只是加了两个字，把之前的话又重复了一遍。

"他和我说这个壶是全手工的……"朋友还想最后挣扎一下。

"用的都不是紫砂，能叫紫砂壶吗？"我笑着和他阐述了以上的观点。

一把壶可以不是名家之作，也可以不是全手工，甚至可以壶型做得不知所云，但只要还是紫砂做的，哪怕就是在一团紫砂泥料里，用一把勺子挖了一个壶的样子，但凡还能烧出来，那还能叫一把正经的紫砂壶。

如果你手里的这把壶都不是用紫砂做的，就不能叫作紫砂壶，所以，这就是一把毫无回旋余地的假紫砂壶，紫砂泥料的真假决定了一把紫砂壶的真与假。其实，"泡茶"是紫砂最原始的用途，也是一个初衷正确的玩壶人首先应当考虑的。但许多人买的是一本叫证书的东西，而不是泡茶的紫砂壶。不知道从什么时候开始，紫砂壶必须得有证书才算是一个完整的构成。即使这把壶的泥料、做工都属上乘，但没有证书也无济于事。

这里再说一个真实的故事。我的一个熟识的开茶壶店的老板，因为上述原因，看着客人空着手走后，他只是略显失落地摇了摇头，然后迅速恢复了笑容说道："他还会回来的。"

"为什么说他还会回来呢？"我不解地问。

然而，老板却答非所问地说："这个壶的这个价格放给他，我也没赚什么钱，留着反倒好。"而且看老板的表情，这句话绝对不是丢了买卖后的自我安慰，而是对我这样的业内人士说的老实话。

"为什么呢？"我的疑问进一步增加了。

"你知道为什么这个壶没证书吗？"老板依然是答非所问。

"为什么呢？"我虽然知道答案，但我还是希望从他的嘴里听到和我心里一样的答案，所以一句像样的答案还没得到，我却已经问了三个"为什么"。

老板略显无奈地说："因为这是个老壶，那个时候没有证书，我下次去找作者补开，也不知道他肯不肯开。"

"这位客人不懂壶，每次来买壶都要问证书，还要有对应职称。看来这把没证书的就只有留着给懂的人了。"老板接着说。

这个场景几乎每天都可能会在玩壶的和卖壶的人之间发生。

我们看这四个字"泥、型、工、款"，后三个几乎是完全由人来主导的。所有的事情但凡有人的参与，就很难有太精确的标准，更何况是做紫砂壶这样的手工艺。只有第一个"泥"字才具有天然属性，它的标准中人的因素也是最少的。当然，如果一旦有人的因素刻意参与其中，那么它的问题也会是最大的。

如果这个紫砂壶的根本因素，与其后三个并非那么根本的因素在你买壶的那一刻已经本

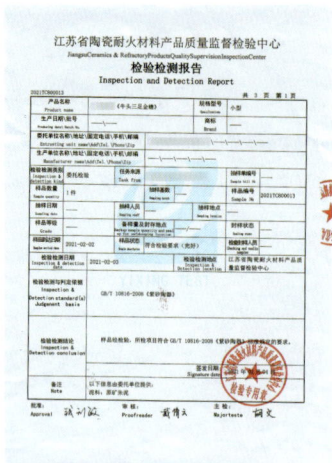

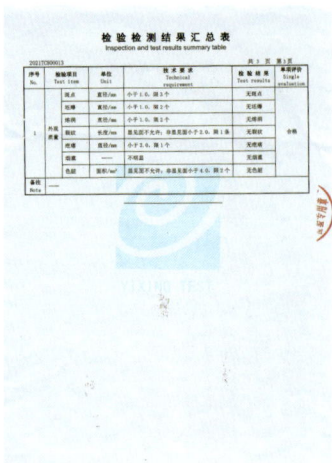

官方机构检测报告

末倒置，那么你就违背了拥有紫砂壶喝茶的初衷。紫砂壶首先是一种茶具，型、工、款都是人们后续赋予这种茶具的其他属性，它们的出现让这门手艺变成了一种文化，也让这种文化变得更加文雅有趣。

但仅仅是第一步，我们就会经常犯错。

其实，对于泥料，人们总会被这几个问题所困扰。在这个部分，我们无须任何知识判断，只要用逻辑分析，就能想明白一部分"道理"。当然，官方机构出具的检测报告也可辨别紫砂泥料的真伪。

问题一：这泥料老吗？

这个问题千万不要在卖壶人的面前问，因为这和在卖瓜者面前问这瓜甜不甜是一个道理。你得到的答案肯定是"当然老"，而且一般来说卖壶人的回答都会斩钉截铁，不假思索，连眼神都不带闪烁和逃避的。

因为你问的这个"老不老"和卖壶人说的那个"老不老"不是同一个指向。卖壶人回答的"老"，在他设想的问题中就是正确答案，你能说已经在地层中等待了你上亿年的紫砂矿做成的泥料不老吗？

其实，你要问的那个"老不老"是指这把壶。这有另外一个专业的名称叫作"陈腐时间"。

在了解这个概念之前，请先思考一个很简单的问题，一块2000年挖出来的紫砂矿料和一块2020年挖出来的紫砂矿料，哪一块更老？回答这个问题前大家先要想明白，这个问题依然问的不是知识，只是逻辑和"道理"。

以下几个答案都正确：

答案一：都老。

这两块矿料在地层中都躺了上亿年了，天地结成的精华，自然是老。

答案二：都不老。

一块2000年压制的普洱茶饼，在2020年来看，都算不得老茶，何况是泥料，2000年的很年轻，2020年的更是算不得"老"。

答案三：2000年的更老。

如果把这个答案里表达的逻辑和道理搞清楚了，那么以后就不要再提这个"老不老"的问题了。首先，紫砂如果指的是矿料，几乎没有新老之分。一亿年和一亿零二十年，应该说没有现实意义上的区别。其次，紫砂矿料开采时间的先后，才是真正决定它新老的关键。也就是说紫砂这种材质作为制壶的原料，其新老计算是自其被开采之日始记。第三，自紫砂矿料被开采到被制成壶的这段时间我们称之为陈腐时间。最后，陈腐时间长，泥料则"老"，陈腐时间短，泥料则"新"。

明白了这个道理之后，我们再从原矿的围层来说说如何辨别紫砂泥料的新老。

原矿泥料的诱惑

紫砂泥料另外一个被热议的话题就是"原矿"。

原矿在本书中将被划分成逐渐收窄的二层逻辑，即宜兴原矿紫砂和宜兴黄龙山原矿紫砂。这个逻辑的依据，就是其地理范围的不断收窄。

宜兴原矿紫砂

这个是最为广义的原矿紫砂的概念。就是把宜兴以及其周边的所有可以出产紫砂矿料的地方，都纳入其中。这个广义概念下的紫砂范围以及勘探储存情况，我们可以从中国工艺美术大师徐秀棠先生的描述中有个大致的了解："1955年成立宜兴县采矿公司，1962年–1966年江苏省地质局第六队对宜兴市丁蜀镇附近的黄龙山、南山、白泥矿区进行了较系统的矿产地质普查，并重点对黄龙山甲泥、紫砂泥进行了勘查。1966年专门成立了宜兴陶瓷公司地质队，在宜兴境内找矿勘查。1976年起宜兴陶瓷公司又专门组成了陶瓷原料科普小组，对宜兴地区55个重点陶土矿床（点）进行了全面深入的调查研究，其间发现了大港、省庄、铜官山等处的小红泥和紫砂泥的开采。1984年十月，勘查到青龙山下有储量500余万吨的优质青龙甲泥，其中可露天开采的40余万吨（其中亦有一定数量的优质紫砂泥）。到1990年底止，宜兴境内勘查发现各类陶土矿床（点）102处，其中甲泥矿28处（均有紫砂夹其中），白泥矿36处，嫩泥矿21处，紫红泥和小红泥矿12处，瓷石（土）矿5处，探明储藏量为7300余万吨，其中紫砂泥估算，探明储量和保存有量均为90余万吨……矿床分布于青龙山和黄龙山、湖㳇、洪岭、巷坞、低坊一带，宜兴林场、平源、滏里一带，以及西梅园和鸡笼山的杨店、深洞一线。"

这段文字出自《宜兴紫砂入门十讲》的最后一部分描述，基本就可以看作是"最广义"的原矿紫砂的范围，其探明的储量还是比较可观的。这种范围的界定在业内是被广泛接受和认可的。一般我们所说的广义原矿，大抵就应该是这个范围。

宜兴黄龙山原矿紫砂

1949年后成立的黄龙山矿场，采用坑道掘进的方式采挖矿石，用以供给宜兴紫砂工艺厂、二厂、三厂等生产紫砂壶及其他花盆杂件等。20世纪80年代开放了私人承包，黄龙山紫砂原矿濒遭滥开滥采，由于缺乏科学的管理措施，从而造成了资源的严重浪费。

这是"原矿紫砂"相对狭义的一个概念。这里我们还是引用中国工艺美术大师徐秀棠先

黄龙山矿址

生的描述："黄龙山夹泥、紫砂泥开采到1955年以后分两个部分发展，一个是属工业生产，另一条线是属农民靠山"吃山（他们的小中宕口一直开到2000年）"所以发展中电动、机械化的进步二者大有不同。

据宜兴县工业志记载：1955年7月成立了宜兴采矿公司，11月接管了黄龙山矿区15个宕口；1956年四月成立黄龙山矿场，专门开采夹泥、紫砂泥；1957年始用八匹马力的救火机来排除宕底积水（此时局部已有电力照明）；1958年下半年陶瓷公司成立了原料总厂，改造黄龙山红旗宕，定名为1号斜井，拓宽巷道，宽1.8米，高2.2米，用黄石砌旋，每个隔0.6米再砌一黄石旋，以防坑道塌方；1965年改造2号斜井，主井标高11米，副井标高14米；1979年八月开始建黄龙山5号井，开采夹泥和紫砂泥，矿井由铁轨矿车运泥，电钻打眼爆破；1984年10月，国家投资5万元，试用湿式电煤钻打眼、空房悬顶，有轨无底柱分段落矿，中深孔回采新工艺，人员进出有升降机，矿泥则由皮带传动运输，1985年5月兴建二期工程。1992年由国家投资2.58万元，新建黄龙山4号井（斜井），每层开采，开拓深度36米，分层为7米。

先进的开采提高了效率，但紫砂泥就会混在夹泥里去做大缸，或粗陶，故紫砂厂曾一度提出由紫砂厂出人到矿井外来挑选出紫砂泥，并答应凡选出的紫砂泥加价收购，这样才保证了紫砂厂用泥的需要量。

1997年，陶瓷公司原料总厂因严重亏本，无力排除井下地下水，致使最后的4号井停产，这样只留下台西大队属区里的小规模露天开采，此时黄龙山的石头已基本开采光了。2003年人们开始大面积开采，2004年元旦宜兴市政府发布通知，决定全面停止黄龙山矿区的开采。过去的宕口、矿井经露天开采，现已成了一个面积七八千平方米的大水池。

在这个"原矿"的概念之下，紫砂存量的情况就不是那么乐观了。其中徐秀棠大师的一句"黄龙山的石头已基本开采光了"，就足以说明黄龙山原矿早在1997年已基本不复存在。但是，除了露天矿之外的黄龙山原

青龙山矿址

矿资源确实还有，不过在2004年之后，也已经通过行政手段全面停止开采了。而各个黄龙山露天矿之外的井口也因为地下水的淹没也再难有开采的可能。如果复采，成本将会很高，开采风险也会很大。

那封了矿后到底还有没有黄龙山原矿紫砂壶呢？

答案是有的。

首先，市政府宣布封矿之前，是广泛征集各界意见的。且不说本身那些有着屯矿、屯泥、炼泥传统的制壶大户，许多听到消息的制壶者，也会多多少少屯一些矿料，不比今时今日，当时的泥料价格也并不贵。其次，那时候虽然已经封矿，但对封矿的管理却并不严格和规范，就连起码的围墙也没有。

警示牌

囤积的已经炼好的泥料

因此，许多受利益驱使的人会上山进行违法盗挖，只是不能使用大型的工具进行大量开采，这部分的矿料也会流入市场。当然，封矿以后原矿的价格必然一路走高，盗挖的矿泥也时有流入市场。

紫砂泥料的特点

紫砂矿料由于在广义范围内的矿区、矿层的不同，外观颜色、形态及化学成分等也是各有差异。即使是同一矿料，因泥料加工、器皿制作、最终烧成等方式的不同，最终形成的色泽效果也不尽相同。

不同泥料制成的紫砂坯件经过不同窑温、不同种类和不同气氛的火焰（比如现今难得一见的柴窑，以及最为广泛使用的煤气窑、天然气窑或电窑）烧成后呈色丰富，如紫色、朱红、米黄、紫褐、葵黄、青灰、暗肝红等色。其器物表面的质感也会形成出不同肌理和手感，如高光、梨皮、鲨鱼皮、橘皮、皮革状等效果。若以不同泥料按不同的比例相互配合烧制，又能呈现出更丰富的色泽变化。若在泥料中人为地掺以粗砂，或调或铺，烧成后则"间色"遍布周身，珠粒隐现。紫砂器也在近代因为大量的人为调配，表现出更强烈的创作个性和时代特征。

紫砂泥的材质特点，归结起来，有如下几个方面。

特点一：可塑性好。以紫泥为例，它的液限为33.4%，塑限15.9%，指数为17.5%，属高可塑性，可任意加工成大小各异的不同造型。制作时黏合力强，并且不粘工具不粘手。如嘴、把均可单独制成，再粘到壶体上，然后进行加泥雕琢加工施艺；方型器皿的泥片接成型可用脂泥（多加水分即可）粘接，再进行加工。这样大的工艺容量，就为陶艺家充分表达自己的创作意图、施展工艺技巧，提供了物质保证。

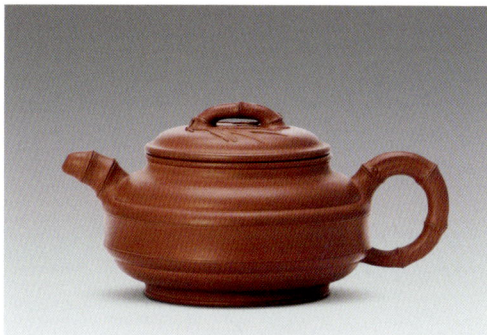

双线竹鼓壶

特点二：可单独成陶。成品陶中有双重气孔结构：一为闭口气孔，是团聚体内部的气孔；一为开口气孔，是包裹在团聚体周围的气孔群。这就使紫砂陶具有良好的透气性。气孔微细密度高，具有较强的吸附力，而施釉的陶瓷茶壶这种功能就比

此乐雄风壶

较欠缺。同时茶壶本身是精密合理的造型，壶口壶盖配合严密，当代大都要求其标准位移公差小于0.5毫米，减少了混有黄曲霉菌等霉菌的空气流入壶内的渠道。因而，它就能较长时间地保持茶叶的色香味，相对地推迟了茶叶变质发馊的时间。其冷热急变性能也好，即便开水冲泡后再急入冷水中也不炸不裂。

特点三：不需要施釉。它平整光滑富有光泽的外形，用的时间越久，把玩摩挲的时间越长，它就会发"黯然之光"。这也是其他质地的陶土大都无法比拟的。

　　紫砂器材质那种素雅和高冷的美感，首先来源于紫砂原料本质的优良，其次是凭借手工成型中精湛的制作工艺，再者是烧成温度和气氛的恰到好处，最后还需使用过程中的精心养护。只有这样才能使器表呈现出丰富的色调和特殊的肌理质感，粗砂不觉糙、细泥不觉腻，均匀而自然。其挺括而变化丰富的表面，既加强了造型的表现力，又和自身形体结合，也形成了相当的艺术唯一性。

泡浆后独特的光泽

　　紫砂壶由于长年累月用于泡茶，茶汁、茶油会逐渐渗透到壶壁，使紫砂壶表面的水色光泽形成"泡浆"。

　　这种紫砂特有的亚光效果，主要来自胎质中莫来石结晶和残存石英颗粒晶体构成的微晶结构对光的吸收。因微晶体对光能没有反射和散射作用，不产生紫砂器胎质表层的玄光，对人的视觉无刺激性。紫砂器这种独特的视觉肌理，使紫砂壶愈用愈能显露其材质低调细密的美感。从紫砂壶开始被使用的那一刻起，人们就能明显地感觉到其表面的变化，而且这种变化一直在延续，就像紫砂壶也有了生命。紫砂壶的使用过程，也是情感交流过程，故家中所藏紫砂壶，最好不要束之高阁，而应该经常使用把玩、擦拭，才能更好地焕发紫砂材质的神采风韵。

泡养前后对比

另外，紫砂坯件经烧成后，胎质中形成了残留石英、云母残骸、莫来石、赤铁矿、双重气孔等物相，使胎质本身具有一定的吸水率和气孔率。胎质显微结构中的团聚体，大部分由石英、赤铁矿和云母等多种矿物构成，少量团聚体则由高岭石等单一矿物构成。其结晶相多而玻璃相少，使紫砂壶具有抗热震性、透气性和较高的机械强度，赋予紫砂壶优异的实用功能。因此紫砂壶泡茶具有保味功能又无熟汤气，冬天不炸裂、盛暑不易馊等很多独特的实用功能。紫砂壶经久耐用，表面不会因使用长久而老化、破损。相反，使用年代越久，器身色泽就越光润古雅，泡出来的茶也越醇郁芳馨，甚至空壶注入沸水也能略透清香。其耐用的特性如同玉石，并且使用过程也提升了材质的价值。

紫砂材质还具有良好的透气性。在光学显微镜和扫描电子显微镜下观察，紫砂器的气孔特征有两种类型。一种是包裹在团聚体周围的石英、黏土等单一矿物与团粒之间形成的链状气孔群。这些链状气孔群的成因，是原始团粒之间和单一矿物之间以及团粒与单一矿物之间，在成型干燥的过程中形成的空隙及烧成时团粒、黏土发生收缩时形成的空隙，因最终烧成时没有完全瓷化而依然存在。只不过空隙已经缩小，一般宽度在20微米以下，有的甚至小于10微米，延展性不等。另一种气孔是团聚体内部形成的微细气孔，是团粒内部各矿物之间在烧成过程中，因收缩不一致而形成许多的细微气孔，一般在1.3微米左右。这两种气孔便是紫砂材质特有的双重气孔结构。这种双重气孔结构，使紫砂具有较高的气孔密度及一定的吸水率。用手工制备泥料制作的紫砂壶因内外不施釉，并且在手工成型的过程中，坯体内壁未经精加工，而仍保持着原有的团粒结构，胎质中的双重气孔结构也没有遭到破坏，烧成后相对疏松的内壁对茶汁有较好的吸附作用，因此，紫砂壶能吸收茶香并保持较长的时间，具有"盖不夺香，既有保味功能，又无熟汤气"等优异的特点。

同时紫砂材质的稳定性可圈可点。紫砂壶泡茶不易变质发馊，首先得益于紫砂材质优良的透气性。其次，紫砂壶制作准缝严密，减少了混有黄曲霉素的空气流向壶内的渠道。另外，由于紫砂泥料的收缩率小，分子呈鳞片状排列，烧成不易变形；并且紫砂壶制作精细，口、盖能配合密切，位移公差一般能控制在0.5毫米以内，因此，相对地推迟了茶汁变质发馊的时间。

紫砂壶的线膨胀系数比瓷器略高，但因内外表均不施釉，无坯釉应力之虑。原料中较高的氧化铝含量，使紫砂壶具有较好的抗热震性及较高的机械强度，能克服冷热急变所产生的应力。所以，寒冬腊月，注入沸水不会胀裂。紫砂壶一旦长久不用，又忘了倒出残渣而留有异味，只要泡在开水里，然后取出即刻浸没于冷水之中。如此反复，随着壶壁气孔的热胀冷缩，壶壁的双重性气孔在冷热急变时，便能产生替换功能，排除异味。

紫砂材质还有保健功能，是因紫砂壶内外均不施釉，材质又有着优异的理化性能，对茶汤起到了很好的调和作用，能最大程度地发挥出茶叶内的茶香和茶韵，并且可长时间保持新鲜，不易变味。紫砂壶泡茶时茶汁逐渐渗透到壶壁中，会带来调和茶单宁酸的功效。并且茶水透过紫砂会有滋润效果，其浸出物不会产生任何不良影响。紫砂壶长久使用能增积"茶锈"，经上海生物研究所化验，

紫砂具有较高的气孔密度及一定的吸水率

茶锈内含有灰黄霉素成分，有消炎、消毒的作用，故紫砂壶内壁茶垢不必刻意洗刷。紫砂胎质中蕴含着丰富的铁元素等一些对人体有益的成分，经常使用，具有保健功能，因此紫砂壶在国外有"无毒餐具"的美称。

紫砂器之所以驰名中外，成为享有盛誉的艺术珍品，原因有多方面，但其中原料性能和材质特点是最关键的，并且紫砂原料在成分上具备了制陶所必需的化学常量组合、矿物颗粒组成和物理性能，不用任何配料即可单独成陶，这是大自然的神奇造化。迄今为止还没有发现可以和宜兴紫砂矿料相媲美的陶土矿藏。

古壶型方山逸士的施釉与不施釉壶的比较

紫砂泥料的分类

关于紫砂"化工壶"的争论，从2010年开始就没有停止过。事实上，在当年6月的一场记者招待会上，紫砂圈的几位资深从业者就已经对紫砂"化工壶"的争论做出了明确的回应。此处整理引用如下。

史俊棠："'说化工壶'那是危言耸听"
史俊棠，宜兴市陶瓷行业协会会长、江苏省陶瓷行业协会副会长。

他提出了"立足国内求发展，瞄准外贸抓提高"的经营战略，采用"请进来、派出去"

的办法，培养了一批工艺技术人才、经营管理人才，使企业生机勃勃，成为农业部命名的全国乡镇企业先进单位、国家二级企业。

针对目前大家担心有些紫砂壶被添加化工原料后会对人体产生危害的说法，宜兴陶瓷行业协会会长史俊棠先生强调："紫砂泥料本身就含有多种化学元素，没有'化工壶'之说。如果有人这么说，那是危言耸听。"

史俊棠指出，宜兴紫砂器的价值不仅在于其制作的原料，更在于最大价值地体现制作者的风格和理念。目前，紫砂的爱好者非常广泛。为了满足不同爱好者的需求，使紫砂壶等紫砂产品和作品颜色鲜艳，需要添加适量的氧化物，他个人认为是可以的，只要不超标，对人体是无害的。但是有个别经营商户为了吸引消费者，用鞋油对紫砂壶进行做旧，那是绝对不道德的，也是不允许的。这是一种可耻行为，在一定程度上也是极大地损害了紫砂文化的发展。

堵江华："紫砂原料不能以'真假'区分"
堵江华，中国艺术研究院首位紫砂艺术教授、研究生导师，将军翰墨紫砂院执行院长。

堵江华指出，已故中国工艺美术大师蒋蓉代表作之一的牡丹壶，大量使用了颜色鲜艳的泥料，因为适当地添加氧化物使得紫砂色彩斑斓，对人体健康并无伤害。壶中高熔点金属元素不溶于茶水，相关报道将泥料中含有钴等金属氧化物的壶，说成是"有毒茶壶"未免就有些轻率了。这些金属元素熔点高，以致耐得了1200度的紫砂烧成温度，经高温烧成后已成为胎体的构成部分，不可能溶进不足百度的茶水。这些"金属元素"溶不进茶水又怎么进入人体，不进入人体又如何对人有毒有害？实际上，青花瓷生产中就采用了氧化钴，透明釉里有镍，白釉里有铅，如果这些金属能进入体内的话，那所有这些釉类陶瓷产品岂不全有毒？

紫砂历史上最早记载"配土"的，是明代万历年间的陈仲美和沈君用。他们是江西婺源人，原在景德镇从事瓷业。唐代就有人将从波斯进口的钴料用于瓷器生产，所以景德镇在元代就有最好的青花瓷了。陈仲美和沈君用则是在瓷业生产中用已经掌握的"色料"调配陶瓷胎料的方法，在随后宜兴从事紫砂的生产中加以了运用，使宜兴紫砂在生产过程中有了更多的成色变化，应该说是对紫砂创作手段的丰富和完善。而早在公元前15世纪，在埃及和西亚地区就有了使用"青金蓝钴料"作为着色剂制作的器物。我国自唐代开始也用从波斯进口的钴料，到后来用自己的钴料，一直到今天钴仍被用于瓷器生产。

针对所谓"最正宗的紫砂原料矿"早已封闭，除了一些做中高端紫砂壶的有原料储备外，现在有很多低档紫砂泥料是用周边地区的类似紫砂泥的"假紫砂"炼制的说法，堵江华先生指出，一般认为丁蜀镇黄龙山里深藏的紫泥是最好、最正宗的，这个没有错。但周边地理、地貌、山势结构非常接近的地方，也不能排除有相关的矿源，这或许在品质上和原黄龙山的矿源有差异，但只是品质差异，不能用"真假紫砂"来区分。

顾绍培："一些不专业的人讲了不专业的话"
顾绍培，1945年出生于陶艺世家，1958年进宜兴陶瓷中学读书学艺，启蒙老师是潘春芳教授，师承著名老艺人陈福渊，后得当代壶艺泰斗顾景舟悉心提携。非物质文化遗产传承人，中国工艺美术大师，研究员级高级工艺美术师，中国工艺美术学会会员，中国陶瓷协会会员，中国工业设计协会会员。

在当前人们"谈紫砂色变"的状况下，顾先生表示"一些不专业的人讲了不专业的话"，引起人们的误解。顾绍培对于目前紫砂"化工壶""化工原料"之说并不赞同，紫砂原料本身就包含多种金属元素，这也是紫砂具有颜色的原因，但我们还是叫它"紫砂泥"，而不会叫它"化工泥"。顾绍培先生表示，有些人是不懂专业的，说加了氧化钴的紫砂壶是有毒的，自己都不用它来喝茶。

其实，在紫砂泥料中，有些东西可以加，有些东西不可以加，有些东西可以加，但加多少是有一个合理的配方或者规定的。那么在这方面，他非常希望有关部门能够建立一种可监控的制度。例如他所在的紫砂厂，在原料方面，有专人管理配方，有专人管理化工原料，都是在可监控的情况下进行生产的。同时，普通紫砂产品和紫砂艺术品在原料等方面都是存在等级差异的，各有各的标准，不能一概而论。同时，对于所谓"紫砂泥料极为稀缺"的说法，顾绍培先生介绍说，从明代到现在，我们用的泥料只占储备量的一个零头，资源没有问题。因为其不可再生，封矿只是为了更合理地开采利用。

许艳春："不能用个别垃圾产品覆盖整个产业"
许艳春，江苏省工艺美术名人、研究员级高级工艺美术师、江苏省工艺美术大师、中国美术学院陶艺系研究生课程特聘指导教师。

许艳春对于目前的状况指出，曝光是一种警告，提醒从业人员应该加强自律。但不能整天抓住那些"垃圾"来覆盖整个紫砂产业，掩盖主流。最容易被误认为"化工壶"的是用绿泥和黑泥制作的茶壶。

我们依然引用大师的描述，在这里还需谈一下紫砂泥的着色的情况。

"早期紫砂器呈色的效果，主要是由原矿泥本身的各种化学成分含量的差异以及烧成时火候的高低不同这两大因素而形成的。其中包括烧次，即非人为窑变的各种发色，及人为的'捂灰'，掌握得当泥会变成全黑色。当时'捂灰'只是应用于高档壶烧次变色成次品后的补救办法，其方法是把需'捂灰'之壶放在掇罐里，壶的里外塞满稻壳，装在龙窑最下段，烧成中受强还原焰的影响，壶会变成黑色。那时人们追求色彩的变化，也只是在几种不同的基泥的混合拼成中追求色彩变化的理想效果，没有掺用化工着色剂这样的现代科技手段。清代中期由景德镇传来的炉均彩绘装饰，其色料是用在紫砂器的表面，经二次低温烧成，为大家知道的炉均釉。

紫砂化工着色剂的运用，始于抗日战争时期，宜兴职业技术学校的王世杰老师的实践。是他开始在本山绿泥里适量加进氧化钴，烧成后就变成了墨绿色，紫砂泥里加入适量氧化锰后变成了黑色……这种人工的变色技艺在当时并不普及，是非常了不起的创新。但由于氧化钴价格昂贵，又不易磨细，因此大多只作化妆土为紫砂器表面作装饰之用。

由此综观1957年以前出品的紫砂器，除绿泥、黑料作化妆土外，紫砂器的各种色彩全是原矿泥的烧成色，其变化均是两种或几种泥比率各异混合后的呈色。凡1957年前用茅草作燃料烧成的龙窑里出品之紫砂壶，不论高、中、低档的壶，表面多会有小小黑色的熔出点（俗称铁质，其实并非铁质），以及在阳光侧射时所反映出的小小的云母光点来，这是纯正紫砂泥的泥料特征；而这两个特征却被20世纪80年代中期台湾地区掀起的紫砂热误判了，以为这是疵点，从而在买家的要求下千方百计地去除。故历史上的老壶多会有以上两个特点出现。

1958年，紫砂厂原料车间开始有了拼料泥工艺，即球磨机把氧化锰磨细后加水，以黑料水来调泥，这样颜色容易调和（拼了锰的泥紫色就加深了一些，故此法也一直被延续使用）。20世纪70年代也有高档壶里拼进了一点点氧化钴的，这样的紫色有特殊的光彩。因为氧化钴特别贵，只是少数人偶尔使用……"

可以说，这是迄今为止可以找到的最浅显易懂的对紫砂着色的记述。

结合之前诸位大师和专家的描述，我们基本上可以得出如下结论。

第一，天然烧成后显现黑色、绿色的泥料在大自然中并不存在，这两种颜色的紫砂壶，其中必然进行了人工着色。

第二，加入氧化锰后泥料呈现黑色，加入氧化钴后泥料呈现绿色，这些人工着色都是近代紫砂创新的产物。

第三，以一定剂量加入，并且按照规则以一定温度烧结之后，这些色彩各异的紫砂泥料对人体不会构成伤害。

岁寒三友提梁壶 何道洪

牡丹壶 蒋蓉

四色汉棠石瓢　徐汉棠

云龙壶 朱可心

均玉 顾景舟

石瓢 顾景舟

大桑宝 谢曼伦

型・玩

型·玩

"玩"是"型"的初衷，但是当紫砂壶已经不再仅仅是为了喝茶而存在的时候，那么泥料不假，不误喝茶，即是紫砂。究壶型、谈壶趣必成自然。

"型"也必与"玩"缱绻纠缠。壶型如戏曲的唱腔，总有仪轨，总分门派，壶型带给每个紫砂爱好者的就是一种如同梨园行中票友的乐趣。只要分门别派，就会有亲疏偏爱，就会有争宠夺欢，就会幻化出无穷无尽的可能性。喝茶的功能，此时已经退居次第，因为壶型引发的一切内容，让紫砂壶在这个层面突然变得更加好玩了起来。

想来也是，如果紫砂不为玩，那么要那么多壶型又为何用？

玩的标志

通常来说，一位壶友涉足如下几点，就可以被视作已经进入了对壶型的研究阶段，可谓真正意义上的开始"玩"紫砂了。

第一，当你每次只能留一两把必须使用的壶摆在茶台上的时候，你就得用一个更大的茶桌，再配上更宽敞的茶盘，才能让你和你的爱壶释怀。

第二，面积足够大的茶桌和茶盘有了，开始不满足只有一把"泡茶的壶"。紫砂壶的数量就是在最初的时刻因为对壶型的追求而增加的，好在这时候还没开始第三阶段的工艺水平层面的、工的比较。

第三，既然要有更多的壶型，作为一个典型的接受了中国传统教育的中国人，就会去挑选

美人肩 周传

合适的"紫砂参考书",而且一本接着一本,永远会用之后的第二本去印证和补充前一本。

第四,因为这些"参考书"的缘故,许多常规的老面孔之外的"紫砂壶名"开始浮出水面,也会因为不同的参考书中对于个别壶型的称谓不同,而去参考更多的参考书籍和资料,最后形成一套自己认为的"最权威"的壶型名称。

万事俱备,这个阶段已经可以初步尝到玩壶的乐趣了,即使只是多看了几本书,但纸上谈兵带来的愉悦,已然相当受用了。

最容易"被买壶"的阶段

研究壶型的阶段就是最容易"被买壶"的阶段,也是大部分玩家所拥有壶的数量增加最快的阶段。因为看书多,则买壶多。当许多壶友开始熟悉各种常规壶型之外的其他经典壶型之后,一旦看到一把书中介绍过的经典壶型的时候,就会如同在现实生活中真实地看到一个自己追捧的明星那样,莫名的兴奋油然而生,即使这个明星未必那么出名,但依然还是会觉得很兴奋,因此很多人在这个时候经常会买一些其实艺术价值和经典程度都并不那么高的壶型,甚至不是因为自己的喜欢而买了这把壶,而只是因为自己曾经在某一本书上看到过而已。

另外，往往一个人壶越多，则越容易自以为专业，这是原因，也是借口，一方面因为追求对壶型的了解，而不断上手各种壶型；另一个方面，也在为自己添置新壶寻找借口。所谓要玩就玩出一个名堂来，既然书也买了，书里的壶最好都能买了回来研究一遍。

难以入门的"终点"
为什么很多人止于壶型的玩，却再无进阶了呢？

一是因为记性不佳。这个原因非常现实且冰冷，记性确实让许多人在此止步。紫砂壶的壶型实在是太多了，而且无论是颇有历史的经典壶型，还是近现代的紫砂大家，或新生代中有创作能力者新创制的壶型，都有各自的壶名。这些壶，尤其是一批新壶型的名称，对记忆极不友好，许多匠人为了增加一把壶的"文人气"，经常为自己新创的壶型起一些晦涩拗口、佶屈聱牙的名字。如果壶型的名字都记不住，那么就很难玩得下去了。

其二禀赋不够。记住了壶名只是第一步，真正的难度在于壶型的造型记忆。壶名叫对了，壶型是不是对则没法记得明了，亦是枉然。而这一步则需要玩家有着较高的造型记忆的禀赋，能够明确地分辨壶型上的些微差别，从而判别许多非常类似的壶型。

壶的结构

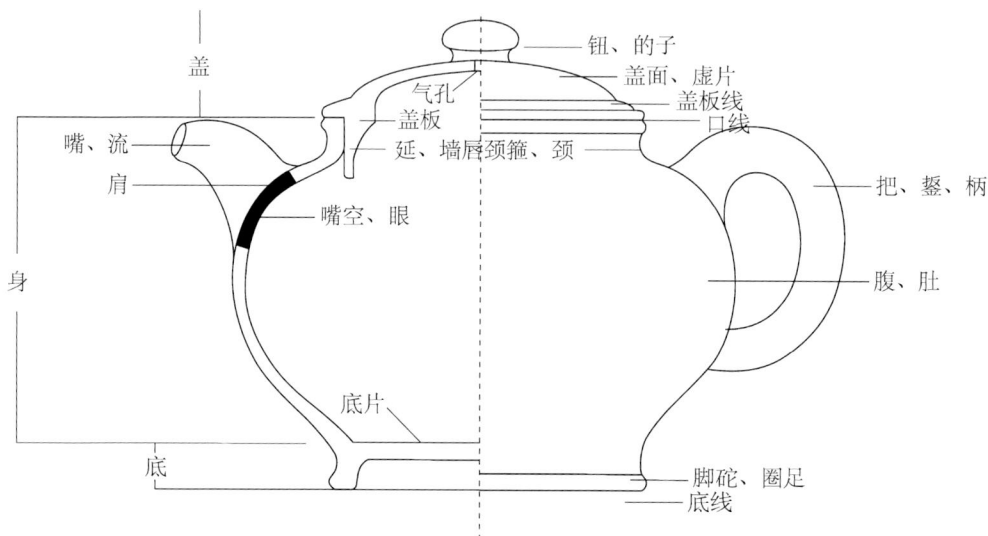

紫砂壶结构详解

壶身
壶身作为紫砂壶的重要构成部件，具有以下几大基本形态。
球型：

西施壶

秦权壶

掇只壶

柱型：

德钟壶

松段壶

柱础壶

梅桩壶

石瓢壶

方型：

六方壶

汉方

牛盖方壶

砂四方

碗合型：

合欢壶

合欢壶

壶钮

紫砂壶的钮，亦称"的子"，为揭盖而设，常见有球形、桥形、兽形、瓜蒂形、树桩形、一体形等。在顶端或底侧，大都要开一个内大外小的锥形气孔。

兽形钮

瓜蒂钮

果实钮

树桩形钮

桥形钮

球形钮

壶盖

紫砂壶的壶盖有压盖、嵌盖、截盖三种形式，先来了解一下。

压盖：压盖是指将壶盖覆盖于壶口之上，盖的直径要略大于壶口的外径。

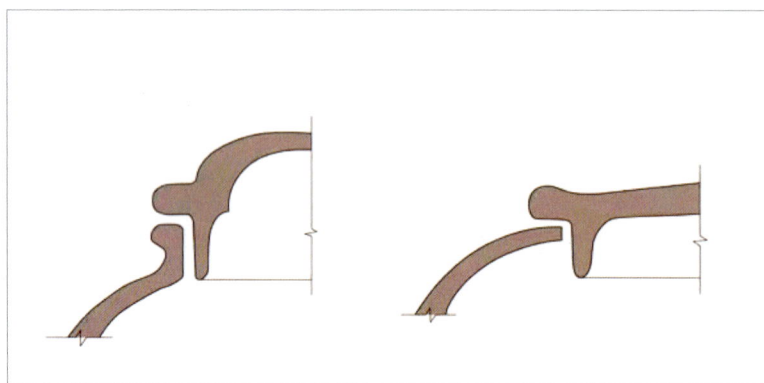

压盖

压盖

海盖

牛鼻盖

平盖

嵌盖：嵌盖是指壶盖陷入壶口内，又有平嵌盖与虚嵌盖之分。

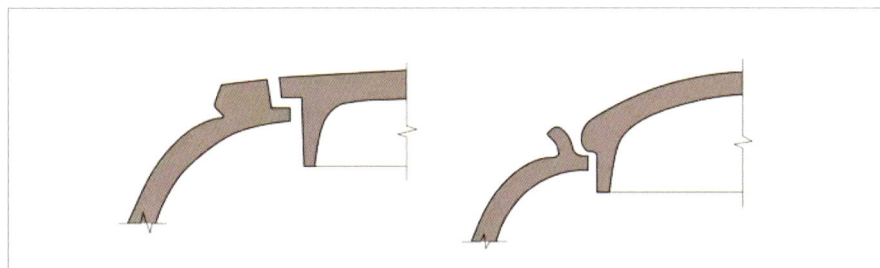

嵌盖

平嵌盖

虚嵌盖

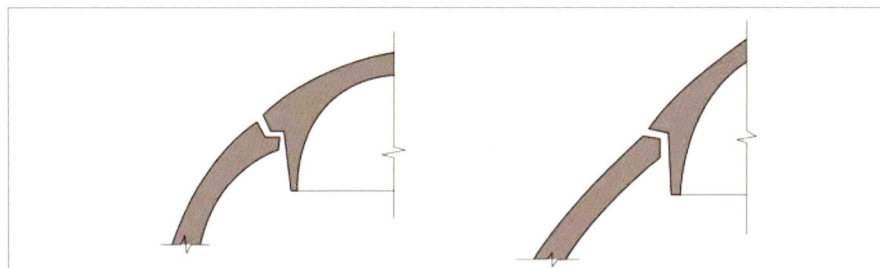

截盖

克截盖

嵌截盖

截盖：截盖是指在制坯时，将紫砂壶上端口盖相应的部位切割开来，截下部分做成盖，壶身切口做成壶口，盖合后外形完整。由于制作技术难度大，只有中高档紫砂壶菜会采用截盖。

壶盖上一般还要开一个内大外小的喇叭形小孔，使其不易被水气糊住。

紫砂壶烧成后，口和盖的配合应该达到"直、紧、通、转"四项要求。

"直"，是指盖的口子，要做得很直，举杯斟茶时，壶盖也不会脱出。

"紧"，是指盖与口之间要做到"缝无纸发之隙"，严丝合缝，盖启自如。

"通"，是指圆形的口和盖，必须圆得极其规正，盖合时要旋转爽利。

"转"是指方型(包括六方、八方)和筋纹型的口盖，盖合时可随意盖合，即可扣合严密，纹形丝毫无差。

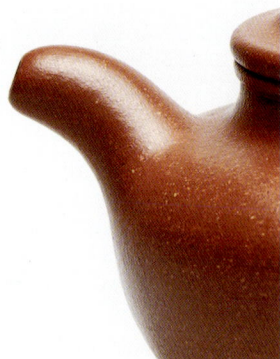
包嘴

平嘴

舌嘴

壶嘴

壶流端部的出水口称为"嘴"，因而亦被业内人士称为"流"。常见的样式有包嘴、平嘴和舌嘴三类。

紫砂壶的嘴式可分为"一弯嘴、二弯嘴、三弯嘴、直嘴"四种基本样式。

一弯嘴：一弯嘴形似鸟喙，故又名"一喙嘴"，也有读为一啄嘴的。

二弯嘴：二弯嘴的根部较大，出水畅快，用于一般紫砂壶。

三弯嘴：三弯嘴的造型丰富了紫砂壶的线条，但全手工制作有一定的难度，比较难掌握。

直嘴：形状简洁，出水流畅。

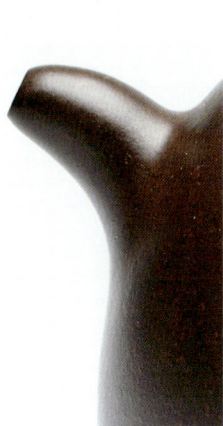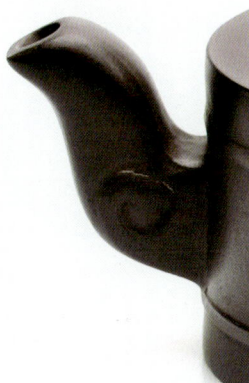

一弯嘴　　　　　二弯嘴　　　　　三弯嘴　　　　　直嘴

　　另外值得一提的是紫砂壶嘴的出水孔，虽然不太引人注意，但其实出水畅与不畅，出水孔至关重要。

　　在紫砂壶历史上，其原始的"煮水器"的属性多为独孔，所以当它用来泡茶时极易被茶叶堵塞，但最迟在晚明时，已有个别紫砂壶出水孔为钱形孔，但不知什么原因没有普及开来。

独孔　　　　　　　　　　　　　　　球孔

　　直到晚清，紫砂壶出水孔才流行改作多孔。至于最早的球孔，据说是出现在20世纪60-70年代。

正耳把式　　　　　倒耳把式　　　　　叉把

壶把

壶把是为了便于执壶而设置的，有端把、横把、提梁三种基本形式。

端把：与壶嘴分别被安装在壶体的两侧，大多数紫砂壶采用端把。

横把：安装在壶体上与嘴成90度，圆筒形壶上多用横把。

提梁：一种特殊的壶把形式，安装在壶体的上方，有许多式样，因此处位置明显，有很强的装饰效果。

提梁可分为硬提梁和软提梁。硬提梁与壶身同时制出，还有一种金属提梁，是用螺丝将单梁固定在系钮上，也属于硬提梁。硬提梁空间大，形式感强，上虚下实，上轻下重，既飘逸又沉静，显示出一种高雅气质。软提梁也叫活络提梁，是制坯时在壶的肩部做一对用于安装提梁的系钮，壶烧成后，用金属丝或金属细管细藤条、细竹根等做成半圆环，装在系钮上。金属提梁多为双梁，藤、竹提梁多为单梁。

叉提　　　　　　　　方提

花提　　　　　　　　软提

壶底

壶底关系到紫砂壶的放置是否平稳，也称器足，其设计是否得当，直接影响紫砂壶的美观，故艺人对器足的设计制作十分重视。

紫砂壶的器足分为"加底、一捺底、钉足"三大类，这个三类器足的做法既多样又统一，极具紫砂壶器足的鲜明特点。

加底：因制坯时在紫砂壶坯的底边口上附上一道泥圈而成，故名。

一捺底：实际上是没有足，是器身的自然结束，制作起来省工省时。为了搁放平稳，其底部是向上鼓起的，多用于圆形紫砂壶，使器形简而灵巧。

平底：就是在壶底封上一整块泥片。这种壶底形制虽然非常朴素简单，但是安置也最为稳当。

钉足：因紫砂壶宜矮不宜高，故多选用口小底大的器形。为使器形不呆板，趋向活泼，搁放平稳，便采用"钉足"方式。至于"钉足"的具体形状，则与器形相统一。

托榫足：梯形托榫足也称挖犴门、连角足，指在方器的各个面开挖，形成扁梯形托榫足。紫砂方器的底部，开挖矮而宽的敞口，形成扁梯形托榫壶足，其形似"犴门"，故俗称"挖犴门"。

加底

一捺底

钉足

平底

托榫足

壶型分类

紫砂壶的分类划分是一件看似一目了然，但又让许多业内人士都觉得颇多困惑的事情。问题就出在紫砂壶的分类历来就有着多种标准。

仅仅从时间轴来分，我们就可以把壶分成"古壶"（或"老壶"）和"新壶"。此种分类之下的"古"与"新"的划分，多半出自传统"壶商"或者"古董商"之口，其意义在于将紫砂壶在其卖售的阶段指定一个定价依据。若要真正略显学术地从时间角度来划分紫砂壶的分类的话，则应该按照紫砂壶所处的不同历史时期，诸如"明末""清初""清中期""清末"等来分，才方显合理。

除了时间，我们还能从紫砂壶所用的泥料、成型方式以及作者等其他方面，对紫砂壶进行分类。然而基于上述这些标准的分类，大概率会出现相互之间的概念交集，若进一步对其细分，则更是一件在学术上争议颇多且纷繁庞杂的工程。

而从收藏者的角度来说，最常见的划分就是从紫砂壶的壶型，也就是众所周知的光素器、花器、筋纹器，所谓"三大器"，这是现今紫砂行业中少数不存争议的"壶型分类法"。虽然我们还是经常会发现有一部分的紫砂作品无法被妥善地归类入其中任何一个分类之中，但这"三大器"的分类确实已涵盖了绝大多数紫砂壶壶型，故此"壶型分类法"也成为当下被最广泛使用的一种分类形式。

筋纹器

"经线纹理"构成筋文器紫砂茗壶造型。通常筋纹器依据大自然中的瓜果、植物花形提炼加工而成，运用几何形等比例分割和重合变化，如瓜棱、菊瓣、菱花、水仙瓣、葵花瓣。筋纹凹凸有致，规范整齐，其制作难度较高，要求纹饰通体自钮顶至心贯气如一，整齐、秀美、明快并富有节奏感。筋纹常见有三、六、八、九、十二、十八、三十六瓣之分，可纵横变化分割，亦可作回旋处理，其口盖须能互相置换，平整合缝，且壶内、盖内与壶外筋纹一致。

瑶台醉客 吴幼波

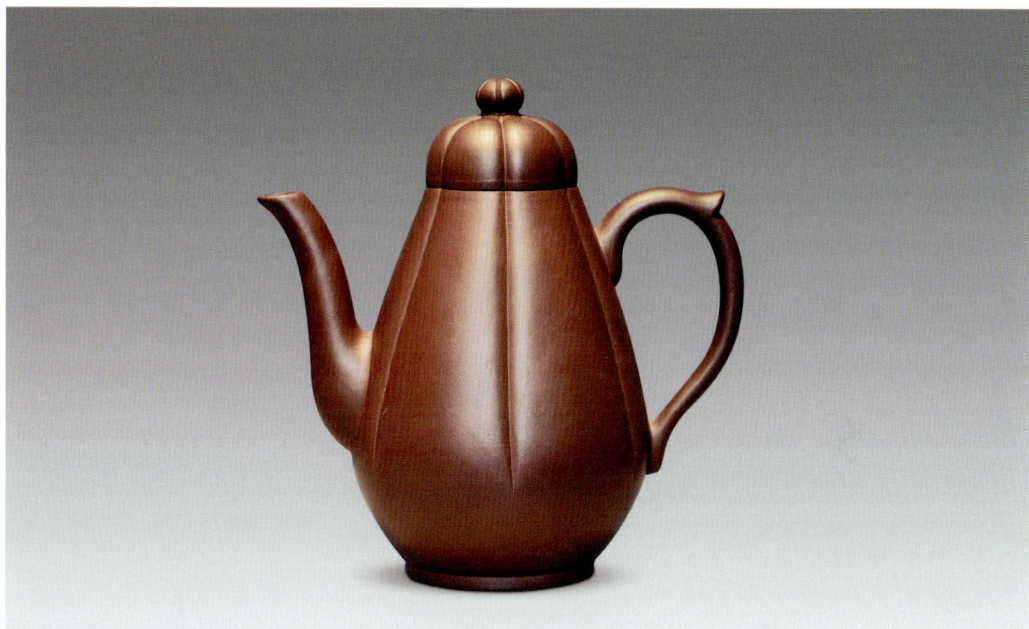

高瓜筋纹器　王寅春

六瓣梅　何道洪

光素器

光素器，光货造型，有人称为几何体造型，是根据球形、筒形、立方、长方及其他几何形变化而来。"光货"讲究外轮廓线的合，并用各种线条作为装饰变化，壶体光洁，块面挺括，线条利落。面、线与角的表现，或粗犷，或丰腴，或刚健，或清秀，呈现出不同的造型和风格，其中又可分为圆器和方器两种。圆器造型讲究"圆、稳、匀、正"，圆中要有变化，壶体本身以及附件的大小、曲直要得当匀称，比例要协调。"掇球壶""仿鼓壶""汉扁壶"是其典型造型。方器造型要求轮廓线条分明，口盖规矩划一，"四方桥顶壶""传炉壶""僧帽壶"是其典型造型。

美人肩 周传

南京中华门外油坊桥明代嘉靖太监吴经墓中出土的提梁壶（见P12），应是我们目前可以见到最早的"光货"造型。高庄教授与顾景舟合作的"提璧壶"造型轮廓端庄周正，结构严谨，线面简洁明快，是"光货"中的上佳作品。张守智教授和汪寅仙大师合作的"曲壶"，曲线流畅，十分舒展。传统产品"石瓢壶"亦是佳作。"虚扁壶"在高度有限的外轮廓线上极尽最大的转换变化，扁得有张力，有精神，不是一般水平的人所能做得出来的，极为难得。

虚扁壶 时大彬

石瓢壶 瞿子冶

提璧壶 顾景舟

掇球壶 顾景舟

四方桥顶壶 杨彭年

传炉壶 顾景舟

矮僧帽壶 顾景舟

仿古壶 顾景舟（制） 范曾（画）

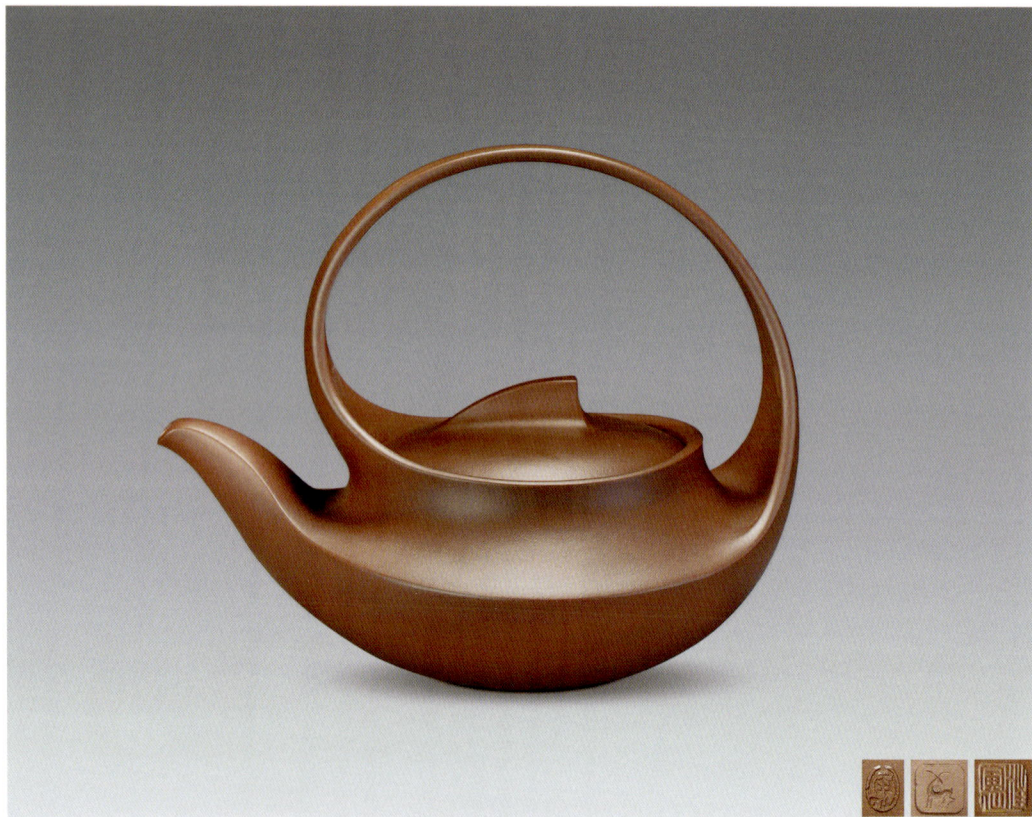

曲壶 汪寅仙

　　在光货上最容易看得出作者水平的高低，同一把造型、同一组外轮廓曲线，造型者的水准高低，会有失之毫厘、差以千里的效果。

　　如果再进一步分析以壶型为基础的分类，我们不难发现上述的光素器、花器、筋纹器之间也有着显见的交集。举个例子，一个显然属于光素器的方器之上，因为装饰了数量和形态都非常"有限且收敛"的松、竹、梅"岁寒三友"而成为了一件"花器"。虽然这样的作品被归纳入花器略显牵强，但制作者和经销商多半会毫不犹豫地将其归入花器而不是光素器，原因很简单，就是售价。制作者设计和制作这种在光素器上装饰花器元素的作品的初衷，就是为了让一件"简单"的光素器添加足以使其"溢价"的元素。而这种作品的售卖者，大部分也乐得顺水推舟地把它们归入"花器"以赚取更多的利润。这种"不约而同""众人拾柴"的现象在"花器"界定上最为突出，这也导致了紫砂花器在近现代"理科生"壶型和"文科生"壶型的两大分类走向。

理科生分类

在光素器、花器、筋纹器三个分类中，光素器和筋纹器并不复杂，但紫砂中的花器，则因为其百变的造型而颇具研究价值。

紫砂花器在相当一段时间内几乎从紫砂的世界里销声匿迹，造成了这种传承割裂。这就要从一位紫砂奇才开始说起，那就是花器第一人——清初的陈鸣远。

陈鸣远的历史地位其实在民间和官方都被高度认可。早在1994年，中国邮政就在其发行的一套紫砂纪念邮票中收入了陈鸣远的一件四足方壶，业内多将其称作《鸣远四方》。与其一同入选的另外三件花器分别是明代时大彬的三足圆壶，业内多称其为《大彬如意壶》，清中后期邵大亨的八卦束竹壶，业内多称其为《龙头八卦一捆竹》，以及当代毫无争议的紫砂泰斗顾景舟的《提璧》。而陈鸣远又当仁不让地作为清康熙时代的紫砂翘楚，代表了他所处的那个时代。许多圈外的玩家对陈鸣远的认知，是源于在2000年左右，突然兴起的紫砂电视购物中以这套邮票为题材的《四氏壶王》。

"四氏壶王"邮票

大彬如意　时大彬

龙头八卦一捆竹　邵大亨

鸣远四方　陈鸣远

题璧壶　顾景舟

鸣远南瓜 陈鸣远

　　也因此，陈鸣远在普通玩家心中最早确立下来的是紫砂"光素器先贤"的形象，因为那把《鸣远四方》是再典型不过的光素器。

　　其实，早在1978年的香港，陈鸣远却是以一件他的"花器"，走入诸多最早的紫砂收藏家的视野的。这件作品在1978年香港苏富比的一次专场拍卖中首次亮相。

　　随后这件作品一直被它的新主人，著名的香港实业家，知名的"维他奶"的老板罗桂祥先生所珍藏。想必这位老人一定对这把壶爱之入骨，以至于其晚年决定将自己毕生所藏悉数捐赠给香港茶具博物馆时，这件《鸣远南瓜》却没有在捐赠清单中出现。

　　几经辗转，当这件作品再次出现的时候，已经是一件在中国嘉德2016春拍以人民币2000万元起拍，最终以人民币3220万元落锤的天价拍品了。只是不知是哪一位上一手有"洁癖"的藏家，把曾经漂亮而厚重的那层或许是清初始积累至今的袍浆洗得一干二净，这也算是留给这件传世紫砂珍品的一个小小的遗憾了。

　　但陈鸣远之后，一切似乎都停止了，以至于整个有清一代，不但再无技艺能够比肩陈鸣远的花器巨匠出现，而且连整个紫砂花器品种也几乎在漫长的清代中晚期的历史中消失了。最容易证实这一现象的是在延绵近二十年的国内各大拍卖公司的春秋紫砂专场大拍中，清代

实业家罗桂祥

的紫砂花器精品实在是凤毛麟角，而三件能够冲破千万元大关的"清代紫砂花器"拍品，恰恰还都是陈鸣远的，其中一件就是上面提到的《鸣远南瓜》，而另外一件《松鼠柿子壶》也是难得的一件紫砂花货精品，即使放在当下来看，其工艺也是不遑多让的。

陈鸣远，号鹤峰、鹤邨，又号石霞山人、壶隐。2015年之后，这个名字开始强势进入了紫砂收藏家的视野。那一年的保利春拍，在其盛名远扬的"霸松阁文玩专场"里，突然出现的一件《鸣远束带壶》，以3162.5万元人民币（含佣金）的价格，把之前由明代时大彬保持了四年之久的中国紫砂壶古壶的拍卖成交价瞬间拉高了两倍有余，这也成为当时所有紫砂壶单壶的已知成交价中最高纪录。可以说紫砂的拍卖市场在经历了自2012年以后3年多的"断崖式"的滑坡后，重又回到了主流收藏界。而带动这一波向来不怎么被业内人士重视的"紫砂古壶行情"的就是陈鸣远。之后数年间，陈鸣远的作品每年都有成交，且价格逐步攀升。若将中国紫砂古壶的拍卖成交价做一个降序排列，前五位居然都是被这位清初的紫砂奇人所占据。

松鼠柿子壶 陈鸣远

由于匠人的地位在中国的大部分历史时期都不是很高，即使是在紫砂这一门中"位列仙班"的陈鸣远，也只是其名在后世的相关典籍之中被反复提到而已，但这也算是比其他寂寂无闻的同代匠人强出不少。至于其生卒，则还是"不详"两字寥寥带过。连佩享紫砂"先祖"地位的时大彬，其生卒亦是难逃"不详"二字。当然，写史修文的是历代文人，工匠的成就也许始终逃脱不了文人士大夫笔下"奇技淫巧"的范畴，即使他们功成名就之后，这些杰出工匠最能展现自己"奇技淫巧"的顶尖艺术品早已充盈满堂了。

时大彬的生卒考证之难，确实是因为年代久远，而且其父子的主要生活地发生过迁徙，许多证据也因为这次地理上的家族变迁而变得更加模糊。

"古来技巧能几人，陈生陈生今绝伦"这样一句打油诗水准的评价就是清代诗人汪文柏给陈鸣远的。他的另外两句诗"人间珠玉安足取，岂如阳羡一丸土"，是他在《陶器行赠陈鸣远》中被后世传颂最广的名句，以至于许多来自紫砂产地的手提纸袋上都有此两句。诗句虽然有名，但也不是考证的关键，因为其后又说："我初不识生，阿髯尺素来相通。"这才开始进入考证的正题。

虚扁　时大彬

阿髯是谁？其实"阿髯"是熟识陈维崧的朋友对他的非常亲近的称谓，而陈维崧又是谁呢？

陈维崧字其年，号迦陵，其父是明末著名的"四公子"之一的陈贞慧。当然更重要的是陈维崧是一个地地道道的宜兴人，也是陈鸣远的老乡。在《清史稿·文苑》中不难找到其生卒的记载。陈维崧，明末清初诗坛第一人，阳羡派领袖在康熙十八年（公元1679年）"始举鸿博，授检讨、修明史，在馆四年，病卒"。"在馆四年"就是公元1679年之后的四年，也就是康熙二十二年（1683），因此可以考证出一点，汪文柏与陈鸣远一定在康熙二十二年之前就已经相识了。这就是第一个可以确定的陈鸣远生平所在的时间段。

这里不得不再提一位陈鸣远的老乡，宜兴人徐喈凤，顺治十五年（1658）的进士。在康熙二十五年（1686），这位当地首屈一指的文人领袖主持重修《宜兴县志》，他在其中提到"陈鸣远工制壶、杯、瓶、盒，手法在徐（徐友泉）、沈（沈君用）之间，而所制款识书法雅健，胜于徐沈。故其年虽未老，而特为表之"（见《紫砂古籍今译·阳羡名陶录》第30页）。

紫砂三足圆壶 陈鸣远

廉斋铭乌泥束腰壶 陈鸣远

　　这里终于提到了陈鸣远的年龄。当然"其年未老"，也是为了凸显这位成就已经颇高，在当地享有一定名望的匠人的不易。可见这时的陈鸣远岁数一定不大，否则"得录县志"这种当地的尊荣，对"上了年岁"的他而言，应是顺理成章，也不必多言此一句。既然有了这句"其年未老"，我们根据古人对"老"的定义，大胆地先假设陈鸣远此时正值"不惑之年"。以这本县志的成书时间（康熙二十五年）为一个基准时间点，陈鸣远若当时恰为四十不惑，那么可以推断陈鸣远是顺治三年（1646）前后生人。

　　这里再来看之前提到的汪文柏与陈鸣远是相识在康熙二十二年之前，也就是公元1683年，这个时候陈鸣远应该是37岁上下，对一个当时的紫砂艺人来讲，正是精力最旺盛的时候，也是最能出得精品的时候。想必在那段时期，怀揣诸多精品式样的陈鸣远，一定时常会寻求与当时的文人接触与合作。各种与陈鸣远相关的文献中能够看到的汪文柏、陈维崧、曹三才、杨中允、张柯等人一定是这位紫砂奇才的座上宾。根据前南京博物院副院长宋伯胤考证，那把南京博物院里的"南瓜壶"上"仿得东陵式，盛来雪乳香"的壶铭来看，就是当时的曹三才所为。这样一把精妙绝伦的国宝级紫砂重器，成壶于精力、眼力都达巅峰的40岁上下的陈鸣远，真的是再合适不过了，若他再年老一些或再年轻一些，都是难以达到此等艺术和工艺的高度的。

1989年国家在发掘清乾隆二十三年蓝氏墓时出土了迄今为止唯一有年代可考的陈鸣远仿古款的作品。这是一把朱泥壶，容量偏小，壶底上是具有明显的陈鸣远特色的刻款"丙午仲夏，鸣远仿古"。但问题是这个丙午年最有可能的年份有两个，分别是清康熙五年(1666)以及清雍正四年(1726)。

仿古款 陈鸣远

我们先来看方家之言。

根据福建省漳州市漳浦县博物馆馆长王文径先生在他的文章《清蓝国威墓和陈鸣远制紫砂壶》中提出的判断，这件陈鸣远底部刻款的壶，应该是雍正四年的那个"丙午年"，也就是1726年。这个也得到了南京博物院副院长宋伯胤先生的赞同（详见《宋伯胤说陶瓷》）。那么制作这把作品的时候，陈鸣远已近80岁高龄，这件朱泥作品的规模、做工确实已经不在巅峰。如果是另外那个丙午年的康熙五年，也就是公元1666年，本身那时的陈鸣远正是20岁上下，其时所作应该要远远优于此件。

因此，有这样一件作品的存在，可以推断，至少陈鸣远在雍正四年（1726）依然健在，且能勉为抟砂。如果以之前推断的顺治三年（1646）作为陈鸣远的大致出生年份，那么陈鸣远至少享寿84岁上下。这84年光阴正好覆盖了康熙在位的61年，因此，通说的"陈鸣远是康熙年间的制壶高手"的说法确无谬误。如果说一个紫砂艺人的工艺手法和艺术眼光都趋于成熟在30岁到40岁这一年龄段，那么清康熙的十八年到二十五年，正是这位制壶高手创作与交际最为活跃的一段时期。

我曾经粗略推断过另一位紫砂先贤时大彬的生卒，但未尽此考之详实，故不敢拿出来贻笑大方，但基本上也可以得出时大彬的享寿应在75岁左右的结论。可见，老天爷对抟紫砂的这门手艺真是不薄，在其蹒跚学步之时，即送来两位享得高寿的天才，并且给了他们两位足够的时间，为紫砂完善了后300年所需要的一切元素……

说到陈鸣远，绕不过去的作品就是他的《歪把梅桩壶》。我从书上看到《歪把梅桩壶》是什么时候已经记不清了，通常这张照片的下面会写着"清康熙，陈鸣远，现藏于美国西雅图博物馆"。由于图片模糊，这把鼻祖级的《歪把梅桩壶》并没有引起我的兴趣，但却隐然觉得，这壶造型实在是有些"穿越"。很难想象清初的一件民间器物能有那么高超的雕塑造诣。

直到2006年前后，我在一个紫砂论坛上看到了另外一把《歪把梅桩壶》，这是中国工艺美术大师汪寅仙的代表作之一。

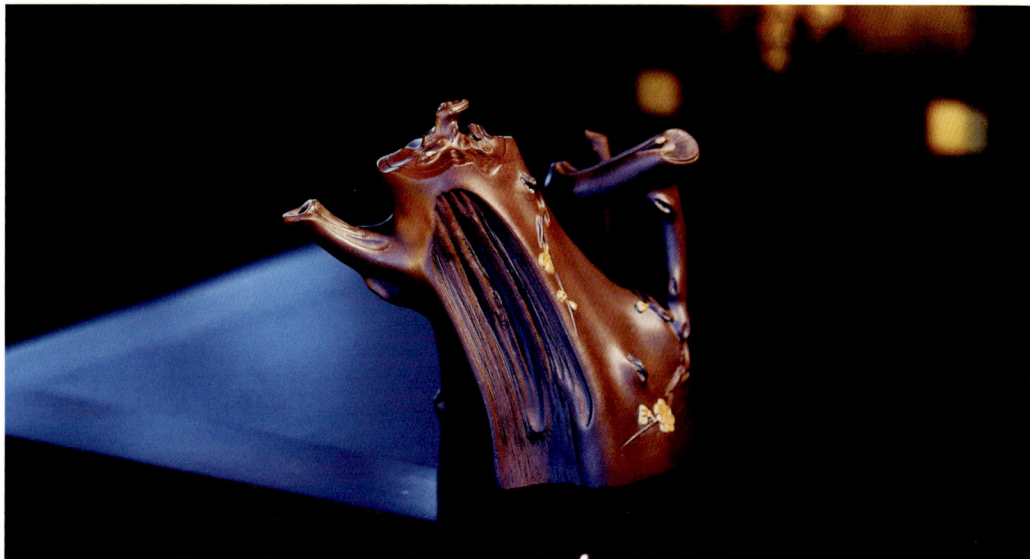

歪把梅桩壶 陈成

歪把梅桩壶 汪寅仙

歪嘴梅桩壶 何道洪

近代紫砂的重生

由于匠人的地位在中国大部分历史时期都不高。所以许多杰出匠人的生卒都不甚明了。陈鸣远就是最好佐证。这样一个跨越三朝的老人在当时算是高寿。与另外一位在当时都属于高寿的紫砂先贤时大彬一样，在明末清初这样拥有高度发达的手工工商业的时代，相对长寿且知名的匠人都无法避免被模式化，如我们熟悉的"大彬壶""子冈牌""江千里的螺钿""张鸣岐的手炉"，其背后的作者绝不会只有一个人。

手炉 张鸣岐

从陈鸣远"过分跨界"的紫砂作品来看，他的"代工"应该是显而易见的，但花货中的多件"重器"因为其制作工艺上的一脉相承，通常都被认定为他本人的原作。我们就姑且拿1726年作为一个时间节点，在此之后的178年间，他所代表的那一路紫砂花货实实在在地出现了一个超长时间的"断层"，直到1904年朱可心的出生，紫砂界终于等到了一个能够与陈鸣远相提并论的大师。而15年后的1919年，另一位花货巨匠蒋蓉的诞生，则又正式开启了一个全新的紫砂时代。有了他们两位，真正能够入得方家法眼的紫砂花货，才在近乎销声匿迹了近200年之后，以一种近乎匪夷所思的方式，真正地、神奇般地再次出现。

但无论如何,紫砂花货就这样重生了,和它消亡的那刻一样,来得毫无征兆……有一个不得不提的现象,就是在整个紫砂历史上,陈鸣远已经"被转世"了许多次,其中就有被称为"小陈鸣远"的裴石民,还有一位当代的大师,那就是我的恩师何道洪,他更是被直接尊为"再世陈鸣远"。

裴石民(1892–1976),原名裴云庆,又名裴德铭,宜兴蜀山人。著名紫砂艺人。早年习艺,艺成后擅制仿古紫砂器,颇负盛名。善制水丞、杯盘、炉鼎等器,造型典雅别致,具有青铜器敦厚稳重之特点,尤以仿真果品最佳。有"陈鸣远第二"之美誉。成熟期间精品之作,以中小件为主,以古器作借鉴,以超凡的构思,能放能收,简繁匀称,既能做典雅脱俗的光素茗壶,又能做千姿百态之花货茶具,风格清秀不俗,技艺精湛严谨,在紫砂艺苑中独树一帜,为紫砂历史上求新求变,求精求妙,精而少,少而妙,不可多得的能工巧匠之一。

传香 陈鸣远

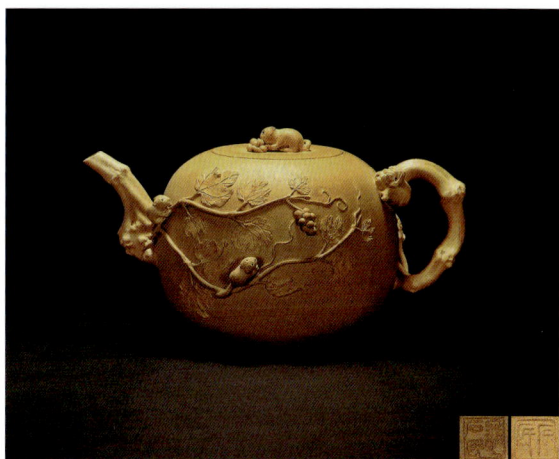

松鼠葡萄 裴石民

当然,无论是裴石民,还是当今在世的紫砂大家,都乐得被别人冠以"某某陈鸣远"来称谓,仅从这一点上看,紫砂业内人也都非常认同陈鸣远在紫砂历史上的地位。然而,从"紫砂花器重生"这个历史角度而言,朱可心和蒋蓉的重要性则是另外两位所无法替代的。因为,如果没有他们两位各自天才般的对其所代表的紫砂花器风格的杰出演绎,就没有今天紫砂花器的欣欣向荣。他们两位在世时,用他们数量可观的紫砂花货传器所界定的紫砂花器的分类,形成了当代紫砂花器最重要的两大分支。我们权且将其命名为"可心花器"与"蒋蓉花器"。这就是之后一切紫砂花器的发端。

四脚龙鼎 陈鸣远

鸣远梅桩壶 裴石民

可心花器

　　可心花器顾名思义是近代以来，以朱可心传器风格为代表的一种紫砂花器类型，主要是以紫砂传统的光素器及筋纹器为壶身主体基础，经过对除壶身主体以外的局部，装饰仿生花卉、瓜果、动物等紫砂雕塑而成的一种紫砂花货形式。

　　朱可心1904出生于宜兴蜀山，原名凯长，后改名可心，寓意"虚心者，可师也"，"山中一杯水，可清天地心"之意。14岁拜汪生义为师学艺，31岁受聘于宜兴陶瓷职业学校任技师、工场教员，作品《云龙鼎》获美国芝加哥博览会"特级优奖"。1954年受命组建宜兴蜀山陶业生产合作社，为宜兴紫砂工艺厂创始人之一，1956年被江苏省政府任命为技术辅导，先后授艺带徒数十人，名艺人有李芹仙、汪寅仙、李碧芳、潘春芳、许成权、范洪泉、谢曼伦、曹婉芬、王小龙、高丽君、倪顺生等，1957年参加全国民间艺人代表大会，20世纪60-70年代设计新品达百余种，分别为国内外各大博物馆、文物馆所收藏。

　　其作品主要特征从壶身单独来看，就是标准的紫砂光素器或筋纹器。比如，朱可心最著名的《报春壶》，除去其壶把、壶流及壶钮的雕塑造型，以及从这三者上延伸出来的紫砂雕塑装饰，这把《报春壶》就其壶身而言，就是上宽下窄、中间鼓腹的双压盖紫砂光壶。若从这样的拆解来看，这件光素器本身并无太大耀眼之处，或许没有朱可心的神来之笔，这样平常的设计，永远不会被后世藏家所注意，这就是可心花器最为神奇的地方。

大报春壶套组 朱可心

报春壶 朱可心

可心一节竹段 朱可心

可心竹段套组 朱可心

这里不得不再次提到陈鸣远，历史上已知的那四件《鸣远南瓜》恰恰也可以被归纳入可心花器的范畴，它们除却流、把、钮的装饰，其壶身不就是一个简单的紫砂筋纹器吗？这也验证了可心花器的主流制作思路还是来自陈鸣远，这终究还是有传承的。

可心花器的另一个特征是除壶身之外，壶流、壶把、壶钮的写实度极高，这三大部件，也是决定整件作品最终的定位和品级的"三大件"。因为，在大部分情况下，只有壶流、壶把、壶钮是可心花器中需要"立体雕塑"的部件，这里所说的"立体雕塑"需要达到什么程度呢？一般认为，就是当这"三大件"从壶上被单独"切下"后，基本都可以作为一件写实度及还原度都相当高的雕塑作品而独立存在。

我们还是用朱可心的经典作品《报春壶》来作为例子。它的壶流拿出来单独看，就是一段非常写实的梅花树的枝干，可以说，就其雕塑水平而言，已经达到了西方写实雕塑水平的高点。而通观朱可心的个人编年史，在其紫砂花器技艺养成的过程中，绝没有任何机会接受任何西方写实主义雕塑的系统训练，至于其晚年国家委培的中央美院培训经历，则是另外一说。对于一个个人风格早就确定了的老艺人，这种培训的象征意义远大于现实意义。

除了这"三大件"外，可心花器的装饰多为局部，以贴花为主，不做过度繁琐的整体雕塑。这里所说的装饰"贴花"并不是传统意义上的"粘贴"，就其最终形态而言，更接近于雕塑中的浮雕概念，而从其工艺而言，则更偏向于紫砂传统的"堆塑"与"堆绘"。这些部分与"三大件"的关系更多是"延伸"和"配套"，而不是个体的独立存在。比如《报春壶》，就是从壶流梅花树的枝干延伸出的分枝落于壶身之上，然后引申出"贴合"于壶身叶片和花朵。

同时，可心花器的泥料使用通常偏向保守，大部分为单一泥色，且主要是以最为传统的紫泥系泥料为主。部分作品会适当地使用"间色"，但这里的"间色"一般也就是两种泥料。其中壶的主体部分，即身桶、壶流、壶把、壶钮，大都是同一种泥料，通常就是紫泥系泥料。

使用相对单一泥色的原因主要有两点。

其一，身筒的主体使用一种泥料是为了确保其烧成。对于成型难度颇高，成型工时较长的花器，从工匠角度出发，他们会采用最保守的方案以确保壶身主体最后的烧成率。紫泥是公认烧造最普遍、最成熟、最稳定的泥料之一，因此最常被用来制作可心花器的主体。

一般来讲，用脂泥修补是为了确保收缩一致。因为各种泥料在首次入窑烧造时会出现较大的收缩比差异，从5％至20％甚至更高。一把紫砂壶中使用太多品种的泥料，经常会造成不同泥料的结合部由于收缩比的差异而开裂。这样的开裂通常是无法补救的。所有花器的雕塑，如树木的枝干在烧造过程中，经常会出现惊裂的现象，这些细小部分在初入窑烧造时的惊裂，基本是一个必须经历的过程，工匠也不会因此而舍弃作品，他们都会在再次入窑前，用同样泥料的脂泥进行修补，所以最终的呈现都是完美状态。但如果是壶身主体开裂，则基本全壶报废，再无修补的可能，而在壶身之上的那些费时费工的花器雕塑部件也会随之一并报废，这样的结果是一个花器匠人最难以承受的。

梅椿壶 陈国良

荸荠壶 蒋蓉

蒋蓉花器

蒋蓉（1919–2008），高级工艺师，中国工艺美术大师。其创作大多以自然界瓜果、动植物为题材，表现手法以仿生为主。

蒋蓉花器，顾名思义是近代以来，以蒋蓉的诸多传器风格为代表的一种紫砂花器类型，主要以瓜果、花卉、动物等写实的雕塑为壶身整体造型基础，并巧妙地在上述雕塑的基础上加入了紫砂壶功能部件而成的一种紫砂花货形式。

它从其大部分器型的壶身单独来看，就是一件写实的雕塑，这也是蒋蓉花器区别于可心花器最重要的一个特征。

比如，蒋蓉著名的《荸荠壶》，除去其壶把、壶流及壶钮的雕塑造型，以及从这三者上延伸出来的紫砂雕塑装饰之外，其壶身就是一只形制非常完整的荸荠雕塑，无论是造型的塑造还是色彩的表达，其手法都是非常写实的。

蛤蟆水盂 蒋蓉

这也是许多紫砂匠人被挡在了蒋蓉花器门外的最重要的一个原因。缺乏美学基本教育的匠人若非天赋异禀，很难驾驭这种需要高度雕塑技巧的壶身成型工艺。故蒋蓉花器这一支的繁荣程度，至今看来，也是远逊于可心花器。

其次，蒋蓉花器除了壶身之外，壶流、壶把、壶钮与壶身高度融合，与可心花器相比，蒋蓉花器的壶流、壶把、壶钮可以视作是专属于这个蒋蓉壶型的，若拆分硬是装于其他的壶型之上，一定会不伦不类。而可心花器的这三大部件则经常可以嫁接安放在其他不同的壶身之上。

再次，蒋蓉花器的泥料使用，通常与可心花器的泥料使用截然相反，其更偏向于大胆，甚至激进。大部分的蒋蓉花器色彩斑斓，且大师能够非常娴熟地使用紫砂中的粉浆工艺。与可心花器在部分作品中难得使用的"间色"不同，蒋蓉的许多经典大品传器，都有大色块，甚至全壶身多种色的特点，其色彩少则三种，多则五六种。

青蛙莲子 李涵鸣

百果壶 蒋蓉

但我们必须注意，蒋蓉的多种色彩的实现经常采取的是主体色之外辅以粉浆着色的工艺。这个工艺是以一种泥料完成紫砂壶通体的制作，包括身筒、壶钮、壶流、壶把皆为一种泥料制成，使其拥有同种泥色，然后再在各个部件之上，施以其他发色的泥料调配的泥浆粉饰。

吟风 邹跃君

使用上述工艺的原因主要有三点。第一，身筒的主体只使用一种泥料，是为了保证主体的成功烧成。如果强行让多种泥料附着黏合，入窑烧造，这些发色不同、收缩率高低不一的泥料实体，注定会造成开裂比例的大幅度上升。然而，这种风险显然是可以用粉浆工艺替代，并且最终达到同样的视觉效果。第二，较少的其他泥料的使用可以减少烧造时的泥色干扰，因为两种泥色的泥料，如果放置在一个匣钵中烧造，迥异的发色会因为高温烧造时气化的分子互相接触而互相影响，让红色发乌，让绿色发蓝，让黄色发红。但是在粉浆工艺中，因为其他发色的泥料只是使用表面一层，占比很小，因此烧造时的泥色干扰问题会大幅度降低。第三，虽然粉浆只是表面的一层，但紫砂的抗磨损能力非常高，除非使用暴力的破坏手段，否则其表面的这层粉浆几乎能与这件紫砂作品同寿，这个与瓷器中低温釉上彩的附着牢度和耐磨程度是两个等级的，1100度烧结的紫砂要比几百度烧结的瓷器釉上彩牢固得多。

牡丹　吴幼波

文科生分类

这种紫砂壶的分类方式是"最文艺"的分类方式。这个分类，我只想作为之前两种的一个补充，却不想有太多的内容摆在这个部分。这些内容造就了一个又一个的小专题，把它们贯穿起来，每一个小专题便都是一个紫砂壶历史中的高光时刻。

三代传奇

中国的历代文人对其周遭物件的材质与工艺的要求，早已养成了一种理所当然的超高标准。

他们对美好事物的向往，通常是贯穿其一生的，比如一曲仙乐、一手好字、一方庭院、一位佳偶……而紫砂壶就是许多明清之后的文人，最早想到的除了文房四宝之外玩物的代表。

为什么会是紫砂壶呢？

其一就是中国人的饮茶习惯。若要在书房里小憩半晌，最好的方式之一自是饮茶。那么饮茶器物的优劣，就成了文人们关心的重点，紫砂材质朴实无华中难掩的高贵气质非常符合文人的审美需求。在那个没有工业化生产的时代，几乎全部依赖手工的紫砂壶已然很不便宜，以至于很多文人和官员甚至会用紫砂壶随葬。紫砂壶清高素雅的表面下隐藏着的昂贵属性，也是它能够迅速进入文人视野的一个原因，其他器物大抵亦复如是。

其二就是紫砂壶与文人所好的金石学联系紧密。很多文人都会参与到匠人的器物制作过程当中，希望能够做出符合自己"审美高度"的东西。但读书人通常不会真的亲手去触碰一件器物的制作，他们需要的是让别人看到自己在一件器物之上的"画龙点睛"和"神来之笔"。

紫砂正好给了文人这种恰到好处的参与度。他们不必真的学会，一般也没法学会。紫砂的工艺要求非常高，而且打泥条、拍身筒、接流把的工作颇费劳力。当他们把金石学"下放"到紫砂之中的那一刹那起，就足以成就一段"文科生"的佳话。泥巴不再是泥巴，茶具不再是茶具，点石成金就在笔落刀下的那一刻。

三次巅峰

第一次的主角是嘉道时期的陈曼生。"曼生十八式在"紫砂世界中的名声实在是太响亮了，大概一个初涉紫砂的玩家，除了顾景舟这三个字，第二个能记得住的紫砂名词就是这"曼生十八式"了。陈曼生，字鸿寿（1768-1822），起先是个文人，而后才是个官员。但一个乾隆年间的文人，就因为这样一把小小的紫砂壶，从中国历史上千千万万与他天资禀赋相当的文人中脱颖而出，硬是在紫砂界留下了难得的一笔。

陈曼生像

据1949年前的《杭州府志》卷一百四十六引杭郡诗辑（上海书店1993年出版）所载，陈曼生"性爱交游，于学多通解。自以为无过人者，遂壹意篆、隶、行、草书为诗。不事苦吟，自然朗畅。阮元抚浙时，方筹海防，曼生随元轻车往返，走檄飞草，百函立就。暇与诸名士刻烛赋诗，群以为不可及。官溧阳知县，仿龚时两家法为茗器，撰铭词手镌之，一时有曼生壶之称。与苏家石挑并垂雅故也。"作为一个典型的清代官员，陈曼生曾任江防同知和海防河务同知，还曾做宰溧阳，后又曾在赣榆任知县。在赣榆县（近山东的江苏海州地区）时曾"捕盐枭，筑桥梁"，并且治理当地河道有方。

嘉庆六年拔贡以后，陈曼生被"考以知县用分发广东，丁忧服阕，奏留江南，署赣榆县，补溧阳县。后擢河工江防同知，迁海防同知。道光二年以风疾卒于任所，享年五十有五……"陈曼生生于清乾隆三十三年（1768年）。嘉庆六年（1801年）33岁拔贡后步入政坛。但他的官运似乎并不"亨通"，最高的官衔是江防同知和江南海防河务同知。有关他的任职情况，历来说法颇多，现在可确定他未曾担任过宜兴知县而是出任溧阳知县，但任职时间说法不统一，不少人认为他在溧阳或宜兴只有一任即三年。《阳羡砂壶图考》等记载他担任宜兴知县是嘉庆二十一年（1816年）的事。

陈曼生的仕途并不发达，但在艺术创作上则相对成功。他是一个通才，能书善画，尤其是书法，篆、隶、行、草皆能。最令人感叹的是，他还能最终以一个紫砂壶的名家传世。而且，他在这方面的成就，对后世产生了十分强烈的影响。之前提到在宜兴紫砂陶艺史上，曾有过几位对整个紫砂陶艺史产生重要影响的人物，供春、时大彬和陈鸣远，他们几个人所处的时间、地理、地位各不相同。陈曼生与前者相比，最根本的不同就是他并不是一个制陶

石瓢壶

古春壶

瓠棱壶

南瓜提梁壶

石铫提梁壶

葫芦壶

半瓢壶

匏瓜壶

井栏壶

笠荫壶

高井栏壶

半瓦壶

周盘壶

扁石壶

半瓜壶

石瓢提梁壶

合斗壶

合欢壶

曼生十八式

桥线井栏壶 陈曼生

者，而只是一个热衷于玩壶的官僚、文人。通常由玩家而成为创作紫砂壶的名家，这是十分常见的。几百年来，在宜兴紫砂壶行业和收藏圈内，人们都熟知陈曼生，由他创作的曼生壶几乎家喻户晓。如此深入人心的非专业陶艺创作者，在整个紫砂的历史上也是绝无仅有的。

　　陈曼生虽然从政多年，但他根本上还是一个文人，是一个文采斐然的知识分子。而他的紫砂陶艺，纯粹属于业余爱好，他有自己的职业，做紫砂壶并不是他的强项，但他能够赢得这一行业的首肯，得到后人的青睐，甚至追捧，主要是因为其渊博的文化知识和自然超俗的思想，以及融会贯通的艺术修养，还有对紫砂壶的浓厚兴趣和前人制壶理念的深刻体会。另一个实属偶然但却十分重要的原因，就是陈曼生主宰溧阳时的官邸与紫砂壶的故乡——宜兴丁蜀镇距离相对较近，便利的交通使他有条件经常身临其境或在溧阳从事此项活动。设想，如果他被任命在远离宜兴的地方，就不可能随意地远赴宜兴，进行壶艺创作。又假如他早年在浙江时就开始紫砂壶创作的话，从杭州到溧阳有四百多里，路途遥远，来回也不方便。换言之，他的艺术素养很高，可耕耘的田地十分宽广，应该不会舍近求远把玩紫砂，即使深爱壶艺，最多也只能是短期参与或客串，因此，陈曼生在溧阳，对他从事壶艺创作可说是天赐其便。

　　还有一位清嘉庆、道光年间（1796-1850）的宜兴紫砂壶名艺人杨彭年，他善制茗壶。在宜兴紫砂陶艺史上，陈曼生与杨彭年可谓珠联璧合，他们对紫砂壶的发展影响很大。在陈曼生制作的紫砂壶传器中，大多数都有"彭年"落款。这一现象说明，杨彭年是陈曼生当时紫砂壶创作的最佳搭档。陈曼生在紫砂壶的创作过程中，似乎从头至尾都未脱离过与杨彭年的合作。据记载："杨彭年，字二泉，以善制茗壶称，陈曼生鸿寿宰溧阳，闻其名，致之。曼生自出新意，造仿古式，述书画其上，号曼生壶，皆彭年作也。"当然，其时可能客串参与合作的还有包括杨彭年同胞弟妹杨宝年、杨风年在内的其他陶艺家。

　　从一定意义上说，陈曼生成就了杨彭年。来溧阳以前，陈曼生在江南艺坛已颇有名声，书画、篆刻作品多有外传，后人也评述他"于诗文隶古篆刻外兼好六法，意兴所到，生趣盎然。山水不多着笔然意远……亦工花卉兰竹"。而杨彭年当时只是宜兴的一个普通的紫砂匠人。但是，反过来说，也是杨彭年造就了陈曼生。因为不是所有优秀的艺术家和陶艺家两者结合以后，就一定能成为出类拔萃的紫砂壶名家的。这里面除了机缘之外，杨彭年本人在接触不少中上层文人和书画家以后，艺术修养一定也有很大提高。当然，大部分学者对陈曼生的壶艺才能并不以为然，这也是可以理解的，陈曼生毕竟不是一个在宜兴紫砂行业中有着丰富经验的陶艺家，不管他在这方面的成就如何，终究只是个客串的艺术家，因此，不可避免

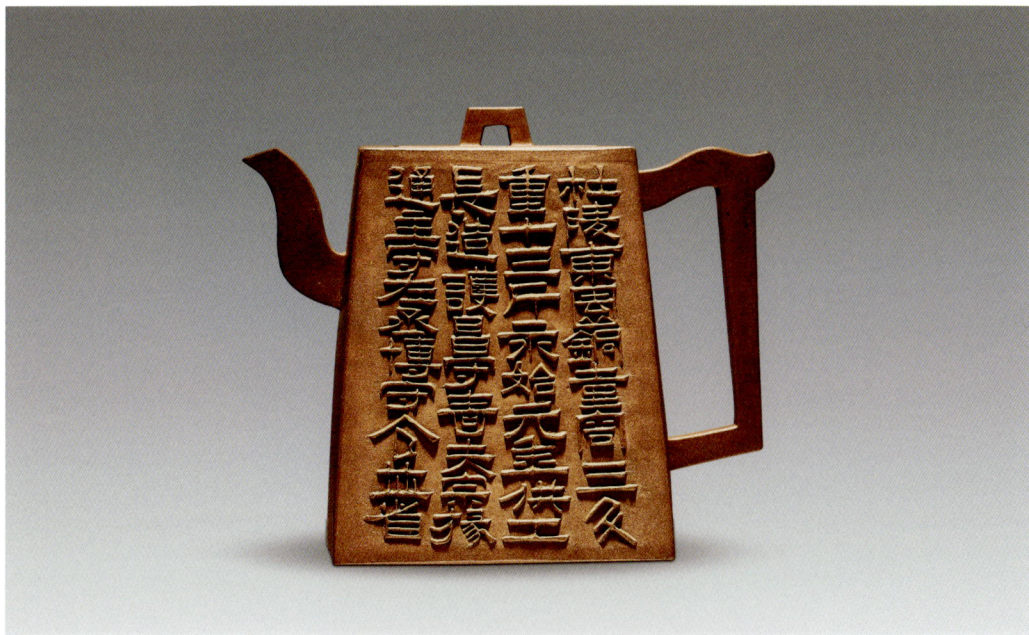

方壶 杨彭年

扁石壶 杨彭年（制） 陈曼生（铭）

地具有局限性。过分扬陈（曼生）抑杨（彭年），很可能有违历史的本来面目，这一点是必须予以注意的。在封建时代，一个官僚兼文人和一个陶艺匠人的合作，后者极有可能生活在前者的阴影里，因为文人士大夫不会摒弃他们的同道而追捧不是他们同道的人，这一点，杨彭年明显地处于劣势。

还有一点，"曼生壶"之名似出现较晚，在此名出现之前，人们可能把陈曼生创作的紫砂壶称为"曼壶"。其时，"令宜兴人制茗具，创式制铭，名曰曼壶，盛行于世"。这里的"宜兴人"没有提到杨彭年，但显然是指以他为主的宜兴陶艺家，书中的"曼壶"可能是最早的习惯名称。

在上海博物馆，有三开画有紫砂壶的册页，分别出自陈曼生的三本画册，一册署庚午纪年（嘉庆十五年，即1810年），一册署壬申纪年（嘉庆十七年，即1812年），还有一册写明丁丑纪年（嘉庆二十二年，即1817年）。

合欢壶 杨彭年（制） 陈曼生（铭）

署庚午纪年的画册，应是陈曼生未到溧阳之前所作，因为他到溧阳的时间是嘉庆十六年，此册中无紫砂壶。但可得知他当时已在江苏赣榆做官。馆藏庚午纪年画册，应作于赣榆上任时期，此册中的一开"百事如意图，嘉庆庚午冬十月拟十二帧于袁氏五研楼"。"而壬申纪年的画册是嘉庆十七年陈曼生在溧阳所作，其中一开画壶，壶的造型与《虚斋名陶录》传拓并著录的曼生坡笠壶造型稍有近似。另一册丁丑款作品即嘉庆二十二年时作，此时他可能已离开溧阳，此册也有一开画砂壶。这些作品出现的时间，可能正是陈曼生对紫砂壶最热爱甚至痴迷的时候。

展品中的另一开画有紫砂壶的单页，则颇具特殊的研究意义，画面为菊花，一侧有紫砂壶一把，引首题"杨君彭年制茗壶，得龚时遗法，而余又爱壶，并亦有制壶之癖，终未能如此壶之精妙者。图之以俟同好之赏"。落款为"西湖渔者陈鸿寿"。册页中所题内容，是十分难得的陈曼生本人题跋，而且是赞杨彭年之辞，可惜无纪年，估计是离开溧阳以后所为。文中"余又爱壶，并亦有制壶之癖，终未能如此壶之精妙者"一段，是最好的注脚。另外他说自己"亦有制壶之癖"，说明他不仅仅设计壶，还亲手制壶。

还有一开为后人溧阳藏家狄学耕的题跋："睿庙末年，先生作宰吾邑，篆刻书画，冠绝一时。吾邑与宜典接壤，先生公余之暇，取蜀山陶泥，裂为茗壶，加刻八分，吴门传为雅玩，予祖及父皆承先生赠楹帖并茗壶。兵燹后，茗壶日少，几等球璧。余于流离播远中，箧中尚存茗壶一事，好事者攘夺之而未能也。乙酉冬初，画估搞此册至予处索重值。予以先生之画不可多得，急收之，以为世宝。暇时辄取所藏曼生壶及隶书楹帖与此册摩学观玩，藉以乐余年云耳。"落款为"丙戌灯节后十日，溧阳狄学曼农甫，志於双江庐之种石轩"。

这一题跋也颇有研究价值。他自述"予祖及父皆承先生赠帖并茗壶"，因而十分珍惜陈曼生的紫砂壶和书法作品。"丙戌"落款，显示其时间或为道光六年（1826），或为光绪十二年（1886），从内容看应为后者。文中"取蜀山陶泥，制为茗壶"，很有可能当时的泥土来自宜兴丁蜀镇附近的蜀山。至于紫砂壶在哪里制作，制成后在哪里烧造，目前还无法证实。

现在最早的曼生壶通常被认为是《阳羡砂壶图考》卷上著录的一件作品："碧山壶馆藏砂方壶一具……曼生铭右镌款识曰'嘉庆丙子秋七月，杨彭年造。丙子为嘉庆二十一年。'"在香港艺术馆收藏有一件方壶，其铭文与《阳羡砂壶图考》无异，由此看来，它可能就是书中所著录的那件作品。但是上海博物馆的一把曼生款壶，更值得我们研究，从此壶所刻纪年看，应比嘉庆二十一年的作品更早一年，这就是陈曼生铭彭年制款唐井文紫砂壶，

石瓢　仿陈曼生

背面有"摹唐井文为午庄清玩曼公记，嘉庆乙亥秋九月彭年"，底心有"午庄"篆款，把下有"彭年"款。嘉庆乙亥为嘉庆二十年。如果这件作品可肯定是陈曼生创作的话，那么，这才是现世最早的纪年曼生壶。

　　但是，由于陈曼生在嘉庆十六年已来到溧阳，因此，我们不能只凭借有纪年的紫砂壶作依据，还应注意他在来溧阳以后是否即开始创制紫砂壶。从实际的情况看，完全有这种可能，因为从嘉庆十六年到二十一年，共有六年的时间，所以我们假定陈曼生最早创作的紫砂壶是在嘉庆十六年或稍晚些时候，那么如署有此前年款，以文字或考古数据排比的早于嘉庆十六年的曼生壶，均难肯定是真正的曼生壶。嘉庆二十一年后，陈曼生离开了溧阳，他可能从此少有机会涉足壶艺，也似乎逐渐淡出文化艺术圈，实际上他已被推入了无边的苦海，因为无论是先期担任的江防同知，还是和后来改任的海防河务同知，显然都不是美差或肥缺，已发现的陈曼生信札可以折射出他无可奈何的思想情绪。但这以后如用他以前所创风格制壶，并署刻此后年款的传品仍属可能，《虚斋名陶录》中就传拓并著录有曼生坡笠壶，落款辛，晚至道光元年，惜乎，此物已不见踪迹。

　　另外，上海博物馆藏有陈曼生信札，其中一册的末尾题跋值得注意："陈曼生……工诗文、篆刻、山水、花卉。著有桑连理馆集。尝自制宜兴紫砂茶壶数百件，手自刻镌，世称

井栏 杨彭年（制）陈曼生（铭）

半月瓦当壶 杨彭年（制） 陈曼生（铭）

曼生壶。为西泠八家之一。是帧系致堂弟云伯信，完好无缺，予得于杭城。壬午六月映娄题记。"壬午为道光二年（1822），后推六十年为光绪八年（1882），两册信札中有题跋的一册系致其堂弟陈文述之家书，此信题跋当为光绪八年之事，题跋作者映娄生平未详，题跋中"尝自制宜兴紫砂茶壶数百件，手自刻镌"一段颇为重要，后世不少紫砂壶爱好者相信陈曼生创制的紫砂壶就只有数百件。也许，这样的判断还是较客观的。

曼生壶，主要代表了嘉庆时期紫砂壶的装饰风格，这是相对于乾隆时期浓艳的装饰风格的反拨。乾隆时期，紫砂壶的表面常有包漆、琅彩、堆泥、描金等加工装饰，使得紫砂壶本来素朴天然的气质尽失，亦使得本来富于文人气息的紫砂壶面目全非。曼生壶则扭转乾坤，使紫砂壶的创制重归了"文人艺术"传统。

从艺术风格而言，曼生壶的书法铭刻成为了壶体的主要装饰，甚至取代了壶艺，成为整件紫砂壶工艺的灵魂，即书法铭刻为主，壶工为次。所谓美曼生壶"壶随字贵"，"字"的真正内涵就是"创式制铭"。此外，曼生擅篆印，印章也成为曼生壶艺术的主要构成，因此，壶底、把梢，以至于壶盖，无不成为文人、陶人钤印之所在。就此也构成了"文人壶"刻制的第一次巅峰。

文人壶的第二次巅峰因为上海，因为顾景舟，因为五人"天团"，因为五把石瓢壶。紫砂，尤其是代表了江南文化、海派文化的文人紫砂壶，发源于明清的江南，兴盛于近现代的上海，正是"以古人之规矩，开自己之生面"的典范之一。顾景舟与吴湖帆、唐云、江寒汀、戴相明这四位海上大家的合璧之作，更是达到中国文人紫砂的极致。但自此之后的70年间，已经延绵200多年的文人紫砂日渐式微，不但代表人物及扛鼎之作几乎绝迹世间，且民间亦鲜有知晓"文人壶"这一脉紫砂正朔传世。

湖帆壶 吴湖帆旧藏

壶上刻字为"细嚼梅花雪乳香 寒汀兄为余画茶壶 倩自题",孤雀雪梅画落款为"湖帆道兄正画 寒汀"。

寒汀壶 江寒汀旧藏

壶上刻字为"寒生缘罅上 影入翠屏中 寒汀兄属 吴倩并题",风动疏竹画落款为"湖帆"。

唐云壶 唐云旧藏

壶上刻字为"无客尽日静 有风终夜凉 药城兄属 吴倩并题",风动疏竹画落款为"湖帆"。

相明壶 戴相明旧藏

壶上刻字为"为君倾一杯 狂讴竹枝曲 相明先生 吴倩并题",风动疏竹画落款为"湖帆"。

景舟壶 顾景舟家属藏

壶上刻字为"但为清风动 乃知子猷心 景舟先生 吴倩并题"，正面画作落款为"湖帆"。

20世纪40年代末，顾景舟常往来于宜兴、上海之间，经铁画轩主人戴相明介绍认识了江寒汀、唐云、吴湖帆、王仁辅、来楚生等著名海上书画及篆刻名家，他们之间的交游为他的创作思想与艺术格调增添了许多不同视角的养分。这五把大石瓢就是顾景舟与这五位海派书画家的共同创作。壶型气足饱满，神完体健，器壁如有急坠直落之势，线条衔接明快利落，自然融合，天衣无缝，雄浑壮健之精神外现，蕴以金石书画之镌刻，画龙点睛，精、气、神三者协调，是顾景舟大师最满意的作品。

1948年，顾景舟精心制作了五把石瓢壶，除自留一把，其余四把慨赠戴相明、江寒汀、唐云、吴湖帆。所赠戴相明壶底印有王仁辅刻"戴相明"三字方章，盖印是任书博所刻"顾景舟"印款，另四把则钤上了任书博篆刻的"顾景舟"底印、王仁辅篆刻的"景舟"盖印。顾景舟之"舟"也自此五把壶款始热用。这几把壶坯轻舟运沪，戴相明携壶坯随江寒汀至吴湖帆家，几位画家在五把壶坯上各题诗句，四把壶上分别画上了形态相异的竹枝，第五把壶则由江寒汀画了寒雀一只相赠吴湖帆。画成，仍由戴相明带返顾家，由顾景舟亲自镌刻。其中画竹之四把分归戴相明、江寒汀、唐云，顾景舟与江寒汀合作的这把壶则为吴湖帆自己收藏，即此是诗、书、画、艺四绝，精、气、神三全之器。

因为有了上海这样的文人氛围，有了顾景舟，石瓢壶一跃成为"文人壶"的领衔壶型。这里我们就先把石瓢壶这个壶型来做一个完整的了解。

为什么我们说石瓢壶是"文人壶"中最经典、最具代表性的样式呢？因为它是可以同时集金石、书画与紫砂壶艺术于一体的最好的载体。石瓢壶的形制，使它的壶身具有可装饰与欣赏面积最大、角度最好"看面"的特性，同时在壶身最醒目的位置，可供诗、书、画、印诸艺在其上尽情发挥。要了解石瓢的价值，必须先了解它的意义。我们先从"石瓢"的来历开始谈起。简而言之，"石瓢"是从石铫演变而来的。"铫"这个字念diào，是古人用来烧开水、煮东西的炊具，又称为吊子，是有提梁的壶具。唐代陆羽《茶经》记载，古人煮茶的用具原是以青铜或生铁制成的鍑（音读fǔ，或作釜），但这些材质的缺点在于腥涩的味道会影响茶汤。到了宋代，煮茶的工具由釜演变成铫。

大文豪苏轼的好友周种（北宋熙宁至元佑年间人）曾送他一把石铫壶，也就是由"釜"改良而成，是有流有柄的砂陶煮茶器。苏轼得到此石铫壶之后，曾作了一首诗《次韵周种惠石铫》给周种，以表达其感谢之意：

铜腥铁涩不宜泉，爱此苍然深且宽；
蟹眼翻波汤已作，龙头拒火柄犹寒。
姜新盐少茶初熟，水渍云蒸藓未干；
自古函牛多折足，要知无脚是轻安。

诗中赞扬"石铫"这种新产品，由于制作者在此壶的材质与器身设计上有所改良，因而壶更适合用来煮茶。有趣的是，坊间有一说"石铫"本该称为"砂铫"，因为紫砂是泥土，不是石料，但是因为"砂铫"音似"杀掉"，令人恐惧之，所以才称为"石铫"。

18世纪末，陈曼生（1768-1822）、杨彭年（活跃于嘉庆、道光年间）与郭频迦（1767-1831）等人汲古创新，融合了金石、书画与壶艺重新设计定式，创造了引领文人壶风潮的"曼生壶"，影响后世深远。其中的代表作，就是这把唐云先生旧藏的"清杨彭年制江听香铭石铫壶"，这是陈曼生与杨彭年共同改造、创新的石铫壶，其上刻铭："铫之制，

阿曼陀室石瓢壶 陈曼生（铭）郭频迦（书画）

瞿子冶刻绘石瓢壶 杨彭年（制）

搏之工。自我作，非周种。"意思是这把由紫砂泥所制的石铫壶，已不同于周种的那把，而是自行创作、设计的。"紫砂铫"取"石铫"之形、意而成之壶，已不仅仅只具有原来烹煮开水的功能，而是延伸作为沏茶、泡茶之用了。

而顾景舟石瓢壶的演变与他年轻时受偶像裴石民（1892—1976）影响有关。裴石民擅长制作仿古紫砂器，有"陈鸣远第二"的美称，这把"近 裴石民制 石瓢壶"，扁腹，短弯流，壶身线条浑圆舒缓，整体浑朴有度。如此对照之下，顾景舟年轻时期创作的石瓢壶风格特色一目了然。

早年顾景舟的石瓢壶被称为"矮石瓢"，例如这件"武陵逸人矮石瓢壶"，盖底有"景洲"印款，壶底有"武陵逸人"印款，这是他早年于上海"郎氏艺苑"从事仿古紫砂器制作时使用的艺名。此壶矮身斜腹，壶腹较扁，短弯流，壶盖宽厚，充分显示了裴石民对他的影响。第二把是"紫泥矮石瓢壶"，从印款可知是他1948年易名为"景舟"之后的创作，可看出他将原来略显垂坠的扁腹收束、身筒提高，形成较为饱满的鼓腹，壶盖缩减变薄，使壶身更见挺拔端秀，壶身的看面也渐形宽阔。

此外，早年从事仿古紫砂的创作，顾景舟的石瓢壶自然也受到"子冶石瓢"影响。顾景舟"子冶式石瓢壶"，底印"景舟制陶"，以及顾景舟"小石瓢壶"，盖印"荆山壶隐"，两作正可供最好的说明，其共同特点即在于趋于缩小、扁薄的壶盖、近似三角锥形体的壶身，均可见"子冶石瓢"的余韵。

矮石瓢壶 裴石民

武陵逸人款朱泥矮石瓢壶 顾景舟

矮石瓢壶 顾景舟

子冶石瓢壶 顾景舟

小石瓢壶 顾景舟

中石瓢壶 顾景舟

历史上的石瓢壶，其整体造型由圆锥形为基本型，底大口小，壶嘴是直嘴，壶攀是圆角三角形，平压盖，桥钮，壶底有三扁圆乳足，样式看似简单，实则在比例以及工艺技法上颇有难度，高一点、矮一点、增一分、减一分，都会对造型和气息有影响。历史上的石瓢壶造型既有定式，对后来者而言就是一个挑战。在前人石瓢壹的基础上，顾景舟做出了自己的改变。

他将壶底与口的大小做了精准的调整，用拍打的功夫使这一段圆锥略略饱满圆浑，这样茶壶身筒不再是削直的椎体。相应地，壶嘴和攀也做了幅度较大的圆角化的处理，壶嘴、壶攀与壶身筒衔接之处，琢塑出大的弧度，壶体看起来既自然生成，又配合了茶壶身筒的饱满圆浑。壶盖也不再是与壶口相等，而是放大了尺寸，宽出一边线的距离，成为茶壶整体造型中的一个边沿线，类似"冰盘沿"，这样的艺术处理手法，给整体造型带来了起伏的节奏感。壶盖上的桥钮与平盖的衔接处理，也如同壶嘴和壶攀，从各个角度琢塑出和缓的弧度延伸到盖面，又独

顾景舟

具匠心地使盖钮拱形与壶身的圆锥相呼应，使通体从壶底到钮成为立体而圆满的完整造型；其他细节也配合造型变化来做艺术处理，例如底部也是一个饱满的寰底，底下粘接扁圆鼎足，相比较清代石瓢壶，鼎足也略高一线。如此处处用心经营的石瓢壶，端庄中寓清雅，圆润中见骨架，有骨有肉，柔中带刚。这不再是曼生石瓢壶、子冶石瓢壶，而是一把景舟的石瓢壶。

从此，景舟式石瓢壶成为了新的紫砂经典。即使后来有许多人仿制过，但所制壶的造型都是过于瘦直则嫌刚硬，过于圆满则无个性而塌塌然，至今未有能超越顾景舟者。如果真正推究其中奥妙，恐怕是顾景舟既以"文气"入壶，又深谙工艺理趣，能够化传统样式为自己的风格气质的缘故。笔者猜测，这把顾景舟石瓢于他自己而言，也已经达到了完美之境。

这件石瓢壶用了"颜景舟"底章，正是这一年，1948年，他将顾景洲的"洲"改为"舟"，意为艺海一舟。他曾经解释过："艺海一舟，就是让自己的命运如艺海的一舟而搏击，永不停息，勇往直前。"同时，艺术之博大精深也让他感到更需要努力奋进。

石瓢壶 顾景舟

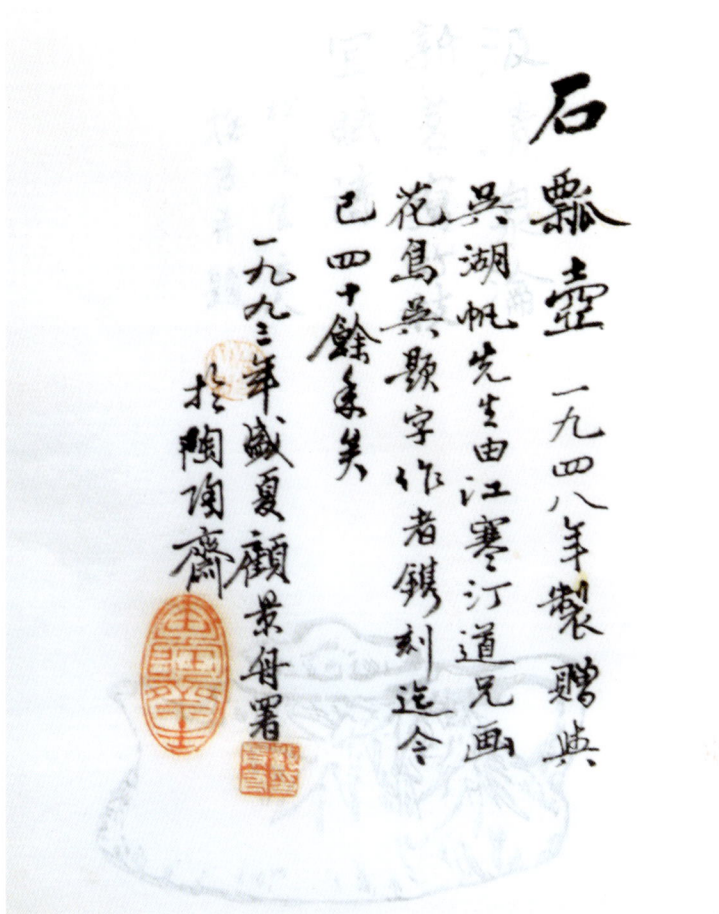

顾景舟手书石瓢壶笺纸

其器形在此之前，王寅春也做过。再往前推，陈光明亦有传器存世。做一比较，可知顾景舟先生的大石瓢壶，是以陈光明传器为蓝本的。而陈光明也是先生崇拜的一个艺人。他曾经对我说过："在上海仿古的人中，陈光明是手面最高（手面：宜兴土语即指技艺）。"两壶相比较，陈光明的壶带刚，顾景舟的壶带柔，柔者温顺安定也。以笔者之见，顾氏大石瓢壶的壶钮更为出彩，堪称史上经典。陈壶桥梁钮较小。顾景舟壶把钮改进放大，使之拿摆更为舒适。尤其是钮根取贝壳状，若明若暗，过渡自如，呈现自然美，至今无人能企及。

笔者认为，这把顾景舟石瓢壶于他自己而言，本身也已经达到了完美之境。

第三次巅峰的主人公是2018年的佩秋壶。从1948年到2018年的70年里，文人紫砂几乎销声匿迹，然而有数位大师，恰恰在这70年间的两头，两两相望，正因为他们，才有了文人紫砂自曼生之后的另外两座巅峰。不得不说，上海是紫砂的福地。1948和2018，近现代紫砂的两个高光时刻都发生在上海。

2018年的12月7日，中国书画泰斗陈佩秋先生与另两位宜兴紫砂艺人陈成、王芳合作的《陈佩秋十全十美紫砂大系》首次集结成套，成为了曼生十八式后，文人紫砂壶规模最大的成套系出现的作品。

十全十美紫砂大系

此套作品每一件均有陈佩秋先生亲书壶铭和画作，以传统刻绘及泥绘的艺术手段入壶，可谓追嘉道陈曼生之遗风，循泰斗顾景舟之气概，融书画、金石、紫砂等传统文人艺术于此一系之中，破了当下紫砂浮华造作之流弊，立了未来砂坛人文荟萃之新风，再造了1948年后中国文人紫砂的又一座巅峰。

这套作品作为新世纪文人紫砂艺术之发端，立邀"紫砂七老"之一的王寅春之嫡孙女王芳及其徒孙，也是王寅春之徒何道洪的唯一入室女弟子陈成，采用数种宜兴顶级原矿老料（平均陈腐时间均逾30年），全手抟砂。其中王芳全手工打造光素器五件，陈成则取其紫砂花货之长，全手抟制花器五件。

嘉道之后，"曼生壶"成为金石与紫砂结合之绝响……1948年顾景舟和海上四大家唐云、吴湖帆、江寒汀、戴相明合作的五把石瓢壶，以半个世纪后相加近亿元的拍卖价，告诉了世人"文人壶"的超级分量……

金砂四方 陈佩秋（书画） 王芳（制）

　　陈佩秋、王芳合作的这把《金砂四方》远观，就像是陈佩秋先生这幅《石木良禽》中的鸟儿跃出纸面，栖于壶上。用高温煅烧天青泥，色若古玉，"日日是好日"则力透纸背，以双刀古法入壶，笔力遒劲，真是切石断玉之功，可谓如切如磋，如琢如磨。

福寿竹 陈佩秋（书画） 王芳（制）

　　《福寿竹》盖上的蝙蝠与寿桃寓意"福寿"，壶身之竹谐音"足"，即"满"之意。陈佩秋先生所绘海棠花取"堂"之谐音，四字相加恰是"福、寿、满、堂"。

富贵花开 陈佩秋（书画） 王芳（制）

　　《富贵花开》取型于清宫廷紫砂器型之作。铜把鎏金，壶身多处包裹真金，贵气十足。采用稀有降坡泥，此泥以此种"蟹壳黄"色为最贵；粉绘陈佩秋先生牡丹佳作，相得益彰。陈先生"富贵花开"壶铭亦切主题，书、画、金、泥齐聚一器，富贵一时无两。

禅梅 陈佩秋（书画） 陈成（制）

陈佩秋、陈成合作的这把《禅梅》原型为一件清代佚名紫砂花器高手之作，现作临原型轨制而师古不泥，摹先贤风骨并青出于蓝。作品已然褪却了当世气息，古意卓然……陈佩秋先生亲书"华发寻春喜见梅"于此件拟古新作之上，可谓再贴切不过。

南瓜 陈佩秋（书画） 陈成（制）

　　南瓜多籽，且"南"谐音"男"，寓意自是不言自明。缺稀有绿泥与底槽清间色，浑然天成，枝干叶片皆似刚刚藤间摘若一般。如此硕果之上刻绘陈佩秋先生亲书"时和年丰百物昌"，甚妙哉！

松报春 陈佩秋（书画） 陈成（制）

　　《松报春》成于清末，定在可心。取"俏也不争春，只把春来报"之意。壶铭"寿比南山不老松"遒劲若松，恰到好处。

圣思桃 陈佩秋（书画） 陈成（制）

《圣思桃》桃叶贴法尽袭传器之神型，褶皱婉转，层叠错出，如风拂桃叶。寥寥几片桃叶，老辣翩然如此，必得作者有心领神会、手落型出之神技。上有陈佩秋先生手书"灵台静养千年寿"。

大亨掇只 陈佩秋（书画） 王芳（制）

清嘉道时期之制壶先贤邵大亨，是被顾景舟誉为"概五百年来，前无古人后无来者"的一代紫砂宗师。《掇只壶》又是其代表作。王芳的此件摹作，功近原件，型臻完美。提铭"座有兰言"及泥绘兰花，皆为上上之品，君子之气跃然。

可心竹段 陈佩秋（书画） 陈成（制）

　　《可心竹段》是朱可心最著名的作品之一，历来摹作不断，然东施效颦者居多。此作乃陈成遍访藏家，求得真迹，潜心临作而得。所用泥料亦袭原作老泥。"百尺竿头更进步"是全壶点睛之笔。

子冶石瓢 陈佩秋（书画） 王芳（制）

　　《子冶石瓢》是以壶铭金石家而非制壶者而得名的壶型，在历史上屈指可数，可见"文人"对一件作品而言是何其重要。此壶骨肉匀称，壶架现"剑拔弩张"之态，与陈老"凌波仙子"呈一刚一柔之势。陈佩秋先生壶铭"弱水三千，只饮一瓢"更是此壶赖以得名的基础。

还有一种类别当属官窑紫砂，即所谓的帝王之壶。"千奇万状信手出，宫中艳说大彬壶"，既然说到时大彬，那么诗中所说的"宫中"，应该推断为明代宫廷比较合理。但是我们现在甚少能有资料佐证明代皇室曾使用紫砂的情况。倒是有不少清代的宫廷紫砂使用情况，在内务府日记档的记载里，显得非常明了，而且有诸多宫内旧藏实物。这里要指出的是，贵为皇帝，使用紫砂也是用得很小心的，用得很当一回事儿的。

吴经提梁壶

除了皇帝，明清两代的紫砂在各种器物中的地位，应该也是非常之高的，以至于许多权贵在离世以后，还希望带一把紫砂壶"下去"使用。最有名的应该就是明代大太监吴经墓里发现的那把《吴经提梁壶》，这是国内学术界公认的"第一把紫砂壶"。

吴经墓出土提梁壶，制造年代明代，高17.7厘米，南京市博物馆收藏，现陈列于南京市博物馆（朝天宫）玉堂佳器展厅。

1965年，在南京中华门外马家山油坊桥明代嘉靖十二年（1533年）司礼太监吴经墓中，出土了一把紫砂提梁壶，根据墓志考证发现，这是唯一有确切年代可考的明嘉靖早期紫砂壶。考古发掘在一个探方的最下层发现的明代紫砂壶陶片，其壶嘴的形制和"铆接"制法、高领带鍪罐的口沿形制等与吴经墓紫砂壶如出一辙，同样也与在金坛金沙广场古井中出土的几把明代晚期提梁壶基本类似。

吴经提梁壶造型及工艺技法，充分表现了早期紫砂陶的特点，即胎质较为细腻，近似缸胎，壶表呈深浅不同赤褐色，壶肩黏附黑红色釉滴一块，器表气孔涩手，短颈为泥片加接，平底，无款识，肩上海棠形四棱提梁为捏接，与明式家具中的"罗锅枨"形暗合，时代感清晰，转折处为倭角，后部有栓盖绳的小系圈。这种设计我们也能从同为明代的时大彬制的僧帽壶上有所发现。流与壶身连接处四瓣柿蒂片为后贴，平盖，无子母线口，盖上芋形高钮，盖内面缀条形十字筋，流用钻孔塞泥法粘连，形体较大。

在众说纷纭的有关紫砂壶起源的故事中，唯有它因为墓主人的身份明确而具有确切无疑的古老身份，也与典籍记录的早期的紫砂壶特征相似：捏筑为胎，腹半尚现节腠，与其他陶器放在一起烧成，不免沾缸坛油泪。既难得又凑巧的是这把壶的形制与明代画家王问的《煮茶图》中的煮茶非常相像，提梁把手和壶腹几乎一模一样，而王问正是嘉靖年间的进士。这说明这种壶是可以用来煮茶，也可以用来冲泡茶的。

　　诗句中提到的宫中都在称艳的那把《大彬壶》倒还真有。大彬如意是一款经典的器型，为明代时大彬设计制作而成，其时有"明代良陶让一时"之说。其盖呈凸圆形，为压盖。盖面贴有四瓣如意纹饰，对称分布，厚度约为1毫米，工艺精良，扁圆形钮。盖中有一出气孔通钮顶，盖内孔大，顶孔小，孔圆规整，做工讲究；三弯嘴内敛，气息庄端庄且聚气。

华察墓

　　无锡甘露乡彩桥村东萧塘明代华察家族的墓地，有一件紫砂稀世珍品在这里重见天日。华察就是《唐伯虎点秋香》中的华太师。大家应该能够浮现出黄霑扮演的那个深入人心的滑稽的华太师形象。其实，他是嘉靖五年（1526）的进士。作为一个明代显贵的家族墓地，这个墓地内还有华察的孙子华师伊的墓。

　　华师伊虽然不如其祖父那么为后人知晓，但是在明末依然官至高位，其与夫人的合葬墓中就出土了这件《大彬如意壶》，虽然没有官方文献宣称这件必为大彬真迹，但却是行内几乎一致公认的一件时大彬手作。因此，在1994年它作为明代紫砂的代表，被选入了中国邮政第一套以紫砂为主题的特种邮票，这也是从另外一个角度表明官方认定了这件作品确为时大彬的真品。而且因为这是一件随葬品，根据墓志铭上的时间描述，我们能够确定的是这件珍品已经有了相对确切的近三百年的历史。现在就让我们来看看三百年前的紫砂壶是什么样子。

　　根据现有的官方数据，该壶通高为113毫米，腹径最大处为109毫米，其壶口外径84毫米，壶口内径为74毫米，壶壁厚度约为2.3毫米，重量约为300克，其中盖子为75克。其泥料砂质较当今主流同类泥料粗犷但不失温润，泥料呈浅猪肝色，且限于当时的炼泥技术，能够明显感受到表面杂质，这表现在烧成后就是壶体表面多有小颗粒火疵，尤其是壶把根部那一颗。

大彬如意壶 时大彬

　　此壶的壶盖为典型的"双压盖"。盖面贴有四瓣形柿蒂纹，对称分布，厚度约为1毫米，工艺精良，柿蒂纹边缘均有平滑倒角，不会出现过分的锐变。壶钮为扁圆形，也许当时的圆形壶钮并不是当代"车的子"的做法，仔细看居然并不十分圆整，盖中有一出气孔通钮顶，盖内孔大，顶孔小，孔圆规整，加工讲究。子口的加工处理方法与今日的子口加工处理方法区别较大，今日子口加工，高档的壶艺子口与盖片的粘接角度已接近直角，而"大彬"壶的子口角度为80度。壶直口，贴有线片，壶盖盖上，上下线片相合，形成一圆弧线，尺寸准确这个细节是几乎所有后世摩作都会忽略的地方。壶口内留有未烧之前盖子与壶体合起旋转时留下的痕迹，烧成后，盖子通转，合缝严密。束颈，壶体内颈与身筒连接部位，加工处理得较为干净、光洁，呈圆弧状，没有留下工具加工、切削的痕迹，与今日紫砂壶同部位加工处理工艺相同。

壶身筒为非常饱满的球体，底片为嵌入身筒，因泥料较粗，壶体外面的工艺在当时已经可以做到几乎看不见泥片的衔接痕迹，但壶内痕迹较清晰。壶内流孔为独孔，作品的处理较为讲究、工整、光洁。据为圆环形，上端鉴直径为1.1厘米，下端直径为0.84厘米。搓成的盎已有大小头之区别。底为足钉，三足。鉴装在身筒上的部位，没有装在身筒泥片的接缝处，这一点与今日不同，可能是时大彬做此壶时未注意到，也可能是因为当时泥料较粗，身筒的接缝在壶体表面不易看出，所以随便装上而已。明时的紫砂制作尚在最终工艺定型时期，这样完全与当代不同的做法并不是少数，但三只足钉却十分讲究地装在底片与身筒的连接部位线上，其中有一足钉装在身筒接缝处，这又与当代做法大致相同了。流、鉴装的最高点比壶口略低1毫米。壶体表面光洁、干净、受火均匀，说明已使用匣钵。虽然经过众多工具的加工，但因泥料较粗，烧成后没有类似今天烧成后所产生的那种光泽感。壶盎下方与足钉之间，"双刀法"横刻"大彬"两字，刻款为典型的金属刀所刻。因颗粒较粗，字边留有爆砂的痕迹。

从壶的大小和规模上来看，其容量已经完全和当代紫砂壶实用尺寸相当，出汤及日常握持方式也显然是为泡茶而准备的，实用性很高。这充分体现了明代人在此时已经完成了饮茶时用"冲泡"替代"烹煮"的漫长演进。

虽然作品的整体烧造水平不如当代，但也已非常成熟，壶身之上已经没有明显的烧造痕迹，说明当时采用了比较完善的匣钵，当然壶身上没有被烧过的痕迹也说明了这件作品已经不是用来"煮茶"，而是实实在在用来"泡茶"的了，这也从一个侧面再次佐证了当时中国人喝茶习惯的重要变化。

可以说，最让人意外的是这件作品的壶内处理与同时代作品比较也极为讲究，甚至可以说，其内部的处理是要好过许多近现代的紫砂作品的，最明显的一点是其壶盖的出气孔是倒锥形的，许多手法都是在当代紫砂"高货"上才会出现的，这也说明这件陪葬品的规格不低。

我们可以看出当时的紫砂加工技巧，已经被熟练地运用于此壶之上了，无论是主体身筒拍打泥片的成型方式，还是在部件加工时显见的已经使用了篦子、线梗、明针等各种工具，都说明这把壶的整个加工工艺与当代紫砂已经认定的加工工艺几乎没有区别。这进一步说明，在晚明时期，紫砂壶的成型方式基本已经成熟。

宜兴窑六方紫砂壶 扬州博物馆（藏）

宜兴窑紫砂壶 时大彬

壶商的分类

在如今这个全民电商的时代，所有"中间商"似乎都日渐式微，但紫砂这个行业却是一个例外，虽然有大量电商的介入，但电商似乎也只是给紫砂销售做出了另一个层面的"增量"，真正玩转紫砂的至今还是那些壶商，甚至可以说站在这些但凡有些成就和名声的紫砂电商身后的，还是那些"古老"且"神秘"的传统壶商，紫砂是座城堡，有些人永远进不来，有些人的地位也永远无法撼动。

紫砂壶如果能够思考，它应该希望最后的归宿是那些真正懂得用好茶器品茶的饮茶人，但很多时候决定紫砂壶最终去向的却是壶商。在紫砂行业中，壶商是一个让人又爱又恨的角色，奸商的比例在这个行业中绝对不低。而且每一个时代的壶商都有各自的形态，明清的壶商有明清两代壶商的时代特征，移动互联时代的壶商又有了这个时代赋予他们的特征。这让所有站在对立面的紫砂受众感觉，就如同在面对一个不断衍生变异的病毒一样。应该说有相当一部分的紫砂壶商人，在历史上是实实在在地推动了紫砂壶文化的发展的，他们本身大都非常了解紫砂壶，许多还是彻头彻尾的"壶痴"，他们中有些人的高超眼光和对紫砂工艺的那份执念，极好地融通了匠人和壶友之间的关系，使得紫砂壶的工艺水平和艺术水准不断地日新月异。其次，他们在自觉与不自觉之间，为壶友完成了一件非常重要的事情，这件事情有一个最近非常时髦的称谓叫"严选"。当一个有天赋的壶友，其眼光已经进阶到和壶商一样的水准的时候，壶商和壶友之间最大的差别就只剩下壶商知道成本，而壶友一般只是自认为知道成本了。

商品壶

许多玩壶人都听说过商品壶，但普通玩家一般很少说这三个字，因为买到手里的"自己的壶"，谁也不会甘心把它归类到商品壶的范畴。但即使不愿意说，却还是得在自己的脑子里形成一个相对清晰的"商品壶"的界定，这对自己收藏紫砂壶有着不小的指导意义。

商品壶分两种。一是"生来就注定是商品壶"的商品壶，这是从最初的定位、成型的方式、制作的匠人这三个方面一开始就明确了，"不可能翻身"地定义了的商品壶。因其只有作为茶具的属性，而没有考虑人文收藏的属性。机械加人工的成型方式就可以被认为是典型的"生来就注定是商品壶"。再者，制作此类商品壶的匠人，大都明确自身的定位是"以量取胜"的产业工人，而且一把壶参与制作的匠人往往不只是一个人。这个级别的紫砂壶各个工序都已经形成了非常明确的细分，成本得以有效地降低。每个工序的工人因为"术业有专攻"，所以制作的水平反倒不低，而且制作效率更高。这样的商品壶如果排除了因为过度控制成本而刻意地粗制滥造，那么作为一件茶具，它是有很高的性价比的。

第二种是"被壶商安排成商品壶"的商品壶，这种商品壶就是"摇摆不定"的商品壶，是有机会"翻身"的商品壶，是被壶商根据具体的销售需要而定义成的商品壶。它们一开始就不是完全为了成为茶具而生的，其既有商品属性，同时也初步达到了一定的收藏属性，是一件一眼就能看出不同气质的茶具。制作此类壶的匠人一般都小有名气，而且都已经完全具备了能独立地按照传统紫砂全手工成型的要求制作这类紫砂壶，至少有数个壶型，已经可以拿捏到了行业内的较高水准。但他们因为各种局限，所以依然会在各个方面高度依赖壶商们。在行业中数个被广泛认可的壶型，且流通价格已经远远超出同类型紫砂壶的平均价的，就很有可能是被"壶商安排成商品壶"的商品壶，流通和单个作者的作品产出会让作者和壶商一拍即合。

非商品壶

同样的，非商品壶也分成两种："生来就注定高于"商品壶的"非商品壶"和被"壶商刻意安排成非商品壶的"非商品壶。

说个故事。这是在1946年，为了当时江苏省农民银行"全国省级银行第六次座谈会"定制的一批纪念壶，壶型是仿鼓壶，订单数量是100把。无论是纪念壶的属性还是100把的定量，都符合了商品壶的特征。但接这一单的可是紫砂泰斗顾景舟。不过1946年的顾景舟可能还只是小有名气。何况这个需要定制的壶型是仿鼓壶，是紫砂光素货器型中最常见的一种，也是在诸多流通的壶型中位列第三的（一般来说市面上最常见的流通壶型，首先是西施，其次是石瓢，而后就是仿鼓了）。作为紫砂壶经典器型之一，最早的仿鼓是谁创制的已无从考证，但最早出名的仿鼓则是清代紫砂巨匠邵大亨所创。仿鼓壶有壶把挂耳垂与不挂耳垂之分，也有之后的扁鼓和扁腹这样的同壶型分支，形制颇为相似，许多行家也难以分辨，有趣的是，这两个分支几乎都是紫砂泰斗顾景舟创制的，可见这次的批量生产对顾景舟还是有一定的影响的。仿鼓壶的壶底主要为加底（假底）与一捺底形制，顾景舟1946年做的这一百多把仿鼓就是相对少见的一捺底。按照顾景舟的心性，他是决计不愿意在一个壶型上制作100把之多的，但是联想到那个特殊的年份，一切就都很好解释了。那时候抗战刚结束，并非生死攸关的紫砂行业当然不会景气，紫砂手艺人的日子也不会太好过。这时候制作100把壶的单子肯定对顾景舟还是颇有吸引力的。

1946年，江苏省的省会还在镇江，从镇江召开的这个银行座谈会要的纪念品制备水准来看，这个座谈会的规格还是比较高的。他们的要求是发100把大亨仿鼓壶作为与会纪念品，且要做工考究、高档。也有一说是作为座谈会的奖品，这一百把顾景舟的仿鼓壶据说还只是二等奖的奖品，一等奖是一个小牛皮的包。但这些都无从考证。如果属实，那么当年有幸中

座有兰言仿古壶 顾景舟

了一等奖的人要是知道这批100把紫砂壶现在的流通价格，心中肯定会非常郁闷。100把做工考究的大亨仿鼓壶，在当时一定算是个大单子，当时的壶商徐祖纯、周志禄成为了这个大单的中间人。而且，作为壶商，周志禄还对这批仿鼓壶的制作提出了自己的要求，即成品壶的壶底必须是制壶名家汪宝根的"一捺底"。这批壶是顾景舟与他的下手沈孝鹿搭档，全手工制作，并在一个月内就交货了，即使用现在的眼光来看，那每一把壶都是工艺精湛的上上品。两个紫砂高手能够那么快完成制作全手工商品壶，其实采用的就是流水线操作方式。沈孝鹿完成比较基础的打泥片、裁泥片、打泥条，而工艺水平极高的顾景舟则负责围身筒、拍打身筒、篦身筒、打明针、接流把、做壶盖这些技术要求较高的工作。茶壶做成之后，每把壶的盖子内均盖有顾景舟款，壶底的落款则打了闲章"足吾所好玩而老焉"。壶身是两个人完成的，但其实还有吴同构、诸葛勋两位没有出场，因为这把纪念壶上还要完成相应的刻绘。其中吴同构完成了壶身上的书法部分，此公乃明代宜兴当地的名流吴颐山的后人。刻字者诸葛勋，为当时宜兴的陶刻名手，此壶的刻绘工整、典雅，双刀法之下金石气十足。据说这批壶上的刻绘风格略有差异，有人认为这是顾景舟为了加快制作速度而参与刻绘的，但这个也尚无从确切考证。最后，这批仿鼓壶的壶身正面有隶书刻绘"座有兰言"四个字，出自诗句"庭余草色饶文思，坐有兰言恰素心"。壶的另一面刻："全国省银行第六次座谈会纪念，江苏省农民银行、江苏省银行敬贺"。

在当时，这壶一定属于商品壶，但现在肯定不算。300万左右的拍卖价在顾景舟传世流通的紫砂壶中绝对算不上高价，但已经可以傲视绝大多数同样出现在拍卖场上"非商品壶"了。这样的壶，即使现在存世数量依然如故，它也已然不再是商品壶了。因此，商品壶和非商品壶是一个相对的概念，把握着其中转化标准的，除了时间，还有的就是经验老到、颇有思想的壶商了。这个先天优势让壶商能够在每一个价位都为壶友设计出经过严选的最优产品组合。所以有许多想直接去当地找壶的壶友，以为能做到"没有中间人赚差价"的想法多少还是有些天真的。因为当作为壶友的你只身一人去丁山的时候，你是作为一个"游客"身份出现在了这个人生地不熟的紫砂"老巢"的。你可以想象一下，作为一个"游客"，你有哪一次去一个"旅游区"是买到过便宜东西的呢？还想捡漏？更不可能。其次，就算你真的直接找到了某一把壶的作者本人，你的身份还是没有因此改变，你是去"买壶"，壶商是去"拿货"，一个零售一个经销。你觉得你因为跳过了壶商这个"中间人"买到的壶就肯定便宜？要知道做壶的匠人面对你开始卖壶的时候，他的身份瞬间也就变成了壶商。他如果给你的价格比给壶商的还便宜或者比壶商卖给别人的价格还便宜，这个制壶的匠人就等于是在破坏他自己作品的价格体系。所以为了维持其价格体系，也为了不得罪经销商，他很有可能会给你一个更高的价格。

在了解了壶商之后，我们可以再重新认知一下商品壶和非商品壶的分类，因为这个分类主要就是上文所说的壶商"严选"之后的结果。

玩之本
玩之本之笑说开壶
对于紫砂行业内的人而言，没有"开壶"，只有"养壶"。他们从一把紫砂壶第一次承载茶叶的时候开始，就已经进入了"养壶"的流程。

壶商自己大都不开壶，但壶商大都会教买家开壶。虽然有"两面不是人"的风险，但从一个业内人士的视角去说一说"开壶"，多一些有趣的一家之言，也不是坏事。甚至对在今后玩壶的过程中参考施行，伺候好自己的爱壶，应该多少还是有所裨益的。

错误的开壶方式
甘蔗开壶法：把这种开壶方式称为"甘蔗开壶法"其实是以偏概全的，因为尝试过这种方式的壶友多半还尝试过甘蔗以外的其他添加物。是不是还有卤水豆腐？这是最不可取的一种开壶方式。

紫砂壶的质地最忌讳的就是糖和油，如果为每把紫砂壶都要准备一本说明书的话，那么这本说明书注意事项的第一条应该就是紫砂壶必须"远离厨房"。紫砂壶是茶具，平常百姓家里安放茶具最理所当然的地方可能就是厨房了。毕竟，开门七件事柴米油盐姜醋茶嘛，这样的"理所当然"往往毁掉了许多好的紫砂壶，而且这种毁坏是最"隐秘"且不可逆的。

紫砂的材质决定了它不是一般的茶具，它的双气孔结构造就了它非常优秀的适茶性，但这些气孔是非常容易被油和糖堵塞的，一旦堵塞，基本不可逆，因为紫砂壶表面不会因此有明显的变化，所以日积月累的伤害则很难被察觉。一把已经沾染了油烟气的茶壶会在一擦之下变得非常油亮，但是这可不是你们梦寐以求的"袍浆"，而是"糖浆"。这样的光泽是因为糖和油的双重作用而出现的。

甘蔗开壶法

用甘蔗和紫砂壶放在一起经过数小时的浸泡和"水煮"之后，甘蔗水里面的糖分必然进入紫砂壶的气孔之内，并且在紫砂壶的表面也凝结了大量糖分子。当你将一把已经通过"甘蔗煮水开壶"之后的紫砂壶放在手里摩挲把玩的时候，你会发现它特别容易变得光亮，这就非常有欺骗性了。大部分不明就里的壶友，也是在取得了这样的"成果"后，开始与其他壶友交流心得的。这也是最终造成这种错误的方式能成为江湖上最广为流传的一种所谓开壶方式的原因。

其实此刻的这把紫砂壶，它的双气孔结构已被破坏，渗入紫砂壶气孔中的油糖再也不可能被释出。就这样，一次"成功"的开壶，却成为了一次不可逆的破坏。

卤水豆腐开壶法：这种做法有一种接近于"玄学"的"科学解释"，就是豆腐是"清火"的，而刚刚出窑的紫砂壶有很重的"火气"，正好能拿卤水豆腐给紫砂壶"败个火"。这样的解释多少有些胡扯，但用卤水豆腐煮壶至少比用甘蔗水煮壶对壶造成的伤害要少些。所以就姑且作为紫砂开壶界的"安慰剂"使用吧。

卤水豆腐开壶法

　　据说最近开壶方式又有了新的发展，那就是用红枣替换了甘蔗，理由是"红枣汤"更容易给紫砂"着色"，上"袍浆"的速度因而会变得更快。这真的是更加让人哭笑不得的昏招。这样做给紫砂壶造成的破坏与甘蔗煮水是一样的，因为还是糖分在其中作用的结果。所以这种实际上对紫砂壶有极大伤害的"开壶"方式都应当杜绝。

　　黄豆膨胀法：这种方式的传播广度不如上面的"甘蔗煮水法"，但因为其操作技术要求极高，甚至最终的"成功"与否接近博弈，故反倒吸引了相当一部分壶友痴迷于此。

　　这种方式通常是先取一把黄豆（据说黄豆的产地也有讲究，比如紫砂段泥要用哪里的豆子，而常见的紫泥又要用哪里的豆子云云。不过在选豆子这个事情上有两点是比较统一的：其一发霉的不能用；其二转基因的不能用，这样可笑的穷讲究实在不可取），然后置入紫砂壶中，盖上壶盖，接着还必须使用医用纱布把壶身紧紧裹住，这样做的目的是为了防止壶盖被膨胀的黄豆顶开，最后将包裹好的紫砂壶沉入清水中。这就是用黄豆水发后膨胀所产

黄豆开壶法

生的自然力量来进行所谓的开壶。这样的开壶方式比前两种方式更天然，因为甘蔗水还需要人为地烧煮，这个只要把豆子、紫砂壶、水放在一起，然后，只需静静地等待这个完全靠自然力驱使的开壶过程。

自玩壶以来的很长一段时间，只是听说有这样有趣的开壶方式，但始终没有搞清楚这样做的根本原理。直到有一个壶友将一把已经开裂的紫砂壶拿去请求修补的时候，才明白其中的奥秘。原来豆子遇水膨胀后确实会有一股不可小觑的巨大力量，采用此方法"开壶"的时候，很容易因为时间把握不当，造成壶被撑爆。可悲的是，这个玩家至此还没意识到这样的开壶方式是不对的，而仍在为自己没有把握好这种开壶的技巧而深感懊悔。按这位壶友的说法是"开壶就是要抓住这个临界点，用黄豆膨胀的力量把紫砂壶的分子结构撑到最松就算功成"。

没想到一个可有可无的紫砂开壶，却开出了一门自成体系的伪科学。

埋葬开壶法：这个开壶方式的原理和做法都来自瓷器，因其对紫砂壶本身破坏性相对较小，且事后尚有可以补救的办法。其步骤是将紫砂壶用医用纱布包裹，然后埋入土中，为什么要埋壶呢？通说是为了"接地气"，只有接了地气之后，紫砂壶泡出来的茶水才会有泥土的芬芳。为了追求茶气的畅扬舒爽，紫砂壶经过了烈焰炙烤，虽然具备了优秀的适茶性，而退却的正是这股"土腥气"，但有趣的是还不止这些，因为并不是一般的土都可以用来埋壶的。据说，最上品的"开壶吉壤"是桂花树下的泥土，而且得在农历八月桂花挂枝飘香的时节埋入，要埋满整个花期，这样的壶泡茶会有桂花的味道。其次是腊月里的梅花树下……如果这些树都是种植在寺庙里的古树那就更完美了，这样开壶就应该能喝出"茶禅一味"。这么多年只听到过"喝古树茶"，没想到江湖上早就有了"埋古树壶"。

撇开这些笑谈，我们其实很容易就能追溯到这种开壶方式的渊源，那就是瓷器的做旧。充满"火气"过分高亮的瓷器被埋入土中两个月左右重新取出，表面"火气"褪去，老味道就出来了。这原本是古董行里造假的一门手艺，现在却被移花接木成为了紫砂开壶方式的一种，实在的让人哭笑不得。

好在这种"埋葬开壶法"具有可逆性，从土中取出的紫砂，在沸水中清煮一个小时，然后太阳曝晒之后，紫砂壶中的泥土味道就基本可以清除，而且高温烧煮也基本解决了细菌滋生的问题。

除了这三种"开壶"的方式之外，据说还有人将紫砂壶吊着沉入井里，这种方式对紫砂基本是没有好处亦无害处，只是现在要找一口井却并非易事。还有人把紫砂壶埋没在装满各种茶叶的容器中，比如打算用来喝绿茶的，就放进装满绿茶的茶缸里，喝普洱的，则放在装满普洱茶的茶缸里，这样的做法危害也不会很大，但没有高温冲泡经过洗茶的茶叶本身并不干净，细菌侵入紫砂壶内，则事出必然。

所有这些开壶的方式多多少少都对紫砂本身没有好处，故无一例外，都没必要。那是某些壶商为了增加紫砂壶的神秘感和紫砂壶泡茶的仪式感，特意安排了的环节。我们并不诟病这种为了增加销量的销售小技巧，但其中对紫砂壶本身有伤害的做法是应当摒弃的。

再次强调，开壶并非必需的步骤，如果确实想要享受一下这个过程带来的仪式感，那么以下就集各家之长，提供一个还比较说得过去的"开壶方式"。

首先得有一把泥料"对"的紫砂壶。其次，要准备一口干净的锅，或者说得有一个可以持续加热煮沸并能容纳这把紫砂壶的容器，容器可以是各种材质的，只要没有毒害，不会长时间加热爆裂的。再次，要准备好足够多的茶叶，以及一打在各种超市或者便利店都能买到的无纺布的茶包。茶叶不需要太好，茶叶的种类可根据这把壶将来确定用来冲泡的茶叶为准。最后，还是需要用医用纱布，这是现阶段我们能想到的同样效果的材料中最卫生的。有了这四样东西之后，就可以在内心拗不过的不断的坚持之后，做一次相对比较正经的开壶仪式了。

第一步：将茶叶装入茶叶包。要把茶叶包撑得鼓鼓囊囊，不能有任何的余地。要装满多少个茶包视所需要开的茶壶的容量以及准备开壶的容器大小而定，不过再少也得准备三两到半斤的茶叶。再次提醒，茶叶的选择不必太过精贵，日常的"口粮茶"即可，无论是开壶阶段还是养壶阶段，茶叶的好坏都不是影响最终效果的因素。

第二步：将茶叶包塞入茶壶内，塞到茶叶包在壶内动弹不得为止。

第三步：将紫砂壶用医用纱布包裹，目的是控制住壶盖在开壶的过程中不会与壶身分离，因为水沸腾之后，如果壶盖和壶身分离，非常容易造成两者互相碰撞而损坏。但切记，包裹纱布的时候，不要堵住壶嘴，要保证水能够从壶嘴流入壶内，这样壶内装的茶叶包才能起到作用。

第四步：在容器内加入没过整把壶的水，水中放入所有多余的茶包，文火慢煮，以保证水温的缓步上升。

第五步：这样文火慢煮至少8小时后，取出壶，拆开医用纱布，取出壶内茶包。切记此

茶叶装入茶包后放入壶中

纱布包裹后放入水中煮沸

时不要用任何东西擦拭紫砂壶，然后将沾满了茶渍的紫砂壶，放在太阳下暴晒，直至里外彻底干燥，这一步是整个过程的关键。

第六步：把晒干后的紫砂壶用干毛巾擦拭。这个过程中务必使用干毛巾，擦一遍擦不干不要紧，过一天继续，还是用干毛巾，加大力度擦，直到表面茶渍被彻底"活生生"地擦干（或者说被磨干）。

此时的紫砂壶和放入茶汤之时相比已经判若两壶。虽然费时费工，但这对紫砂壶至少是有益无害，目标是为了使紫砂壶的呈现效果变得更好，这也可以算是良心壶商经常会在卖壶之前，为自家的壶做的一种"善意美容"，这样没有过分违规的"揠苗助长"也就姑且容忍了吧。

不过，切记在"慢炖紫砂壶"的时候，旁边一定得有人照看，如果将水烧干，造成壶被干烧致裂，那么损失终究还是不小的。所以太贵的紫砂壶，尽量不要这样做，毕竟还是有风险的，还是要以慢心养壶为上。

未泡养的壶

泡养的壶过

玩之本之闲谈养壶

开壶之后，自然就是养壶了，所谓开壶只是一个独立的玩的过程，而养壶才是把玩紫砂真正的乐趣所在，这是"长情的陪伴"而不只是"一夜的欢愉"。前文提到的诸多开壶方式，许多人都曾经尝试过，而且可能还尝试了不止一种，但这些都属于"一夜的欢愉"。有必要告诫大家，虽然这样能够一时畅爽，但弄不好会遗患无穷。可能前文中最后那个相对比较"靠谱"，但其实依然还是不提倡的开壶方式，只是有很大概率会成为部分壶友坚持开壶时对照操作的"说明书"而已，那么开就开吧。

但真心不希望那把紫砂壶的开壶之日就成了它的"封壶之时"。事实上，生活中有许多藏家的紫砂壶只"开"过没"用"过，往往都是被一时兴起的壶主人，在一天中几个小时的反复折腾后，以迅速的变化，达到了让玩家短暂地沉浸在"神奇"的成就感之中的效果，然后就是，晾晾干，把玩几下，用手机拍个照发个朋友圈就收起来了。其实，紫砂的"用"就是"养"，在那个神秘的紫砂江湖中，紫砂壶的"养"被分成了"污衣派"和"净衣派"。

估计金庸老先生知道紫砂壶的"泡养"，居然早就能那么巧妙地套用他笔下丐帮门派内部派系之分而变得那么有趣味，他一定也会想要搞一把紫砂壶养上一养的。那么，如果金庸老先生也用紫砂壶喝茶，他会是"污衣派"呢，还是"净衣派"呢？很大的可能他会把紫砂壶养成个"污衣派"，看看他笔下的洪七公，虽然生前极其厌恶自己丐帮内部的"污衣、净衣"之分，但要是真被分入派系，则一定属于"污衣派"无疑。

这里罗列了"污衣派"养壶的几大特点。

第一，"污衣派"的紫砂玩家必备养壶刷。反倒是"净衣派"的壶友桌上未必都有这个东西。养壶刷顾名思义是用来刷壶的，应该是越刷越干净，怎么会最终归为"污衣派"了呢？这就要从"污衣派"怎么用这把养壶刷说起了，因为"污衣派"用这个"养壶刷"是"蘸"而不是"刷"的。紫砂壶在泡养过程中，"污衣派"喜欢不断用养壶刷"蘸水"之后点到壶上，看着茶汤如同酱香白酒"挂壁"一样的效果为最佳，这样的操作每日重复，挂壁的茶汤层层叠叠，日积月累，形成最终的"污衣"。

第二，"污衣派"的茶壶中当天的茶渣是一定不会清理的，必须留在壶内，养出"茶山"。其实笔者从来没有搞清楚紫砂壶里的那个"茶山"是个什么东西，也从未在自己诸多正经喝茶的同好的任何一种材质的茶壶中见过这座"山"。

那么要养"茶山"的玩家的理论根据是什么呢？试想，有一位遗世独立的老者，拿着一个老茶壶，在一个茶棚或者茶水店里喝茶，当一个后生正要往壶里置茶的时候，道骨仙风的老者捋了捋白色的胡须，拦住了那位后生意味深长地说："且慢，只要往我的茶壶里沏一点热水即可，茶叶就免了"。接着，神奇的事情就发生了，从这把老壶里居然就倒出了香气四溢、汤色浓郁的茶水，老者一饮而尽，神清气爽，大笑一声，健步离去，留下老人身后一干旁人啧啧称奇。这种电视剧里的桥段大家并不陌生，殊不知就这些桥段，把多少玩家拉入了"污衣派"的范畴。但是，要知道这样"白水出茶汤"的奇迹是绝不会出现在现实生活中的。

所谓"茶山"应该就是茶垢，用茶垢泡出的茶汤，即使真的有那么一丁点儿的滋味，你确定自己真的想喝吗？

"蘸"的错误养壶方式　　　　　　　　　"刷"的正确养壶方式

第三，"污衣派"养壶一定是"言必称袍浆"。"污衣派"都特别强调手里这些壶袍浆的浓厚度，切记："袍浆"若能有型即非"袍浆"，可见的污垢不是"袍浆"，可见的油腻不是"袍浆"。这其实也是大多真正懂得紫砂的爱好者们的共识。一件存世几十年的顾景舟所制的紫砂壶真迹，在几易其手后，容光焕发地出现在某个大拍的预展现场的时候，那种从容淡定的宝光，才是紫砂玩家们应该追求的袍浆。经手过这种级别的玩家，都深谙其中真趣。

那么属于紫砂养壶"正道"的"净衣派"又当如何呢？

紫砂壶每次使用之后，但凡茶事已毕，必会倒尽茶渣，并且沸水冲洗后开盖晾晒。因此"净衣派"的茶台之上，反倒很少出现前文提到的养壶刷，而是经常会出现一个"盖置"，其主要作用就是在晾晒紫砂壶时，搁置壶盖所用。使用盖置之后，壶盖既不会因为盖里朝天放置而造成盖沿磕碰，也不会因为将壶盖扣于茶盘之上，造成通风不足，茶水无法收干。

这里很有必要细说一下"收干"。紫砂壶的"收干"和我们平时的"收干"要求完全不在一个层级。许多看似已经"收干"的紫砂壶，在被收纳一两年后再次打开启用的时候，已经内有霉味。而紫砂壶一旦沾染上了霉味，虽然不是完全不可逆，但处理起来难度却是极大，风险也是极高，并且处理后复有霉味的可能性依然存在。那么为什么看似已经"收干"的紫砂壶还是会因为久置而发霉呢？这要从紫砂泥料烧结后的双气孔解构说起，因为紫砂壶里外不施釉，所以这样的双气孔没有了分子密度很高的釉水的阻隔之后水分子来说自然是畅行无阻，所以紫砂壶在表面干燥之后，依然会吸附大量的水分子在茶壶的内壁中。尤其是在江南的黄梅雨季，这样的情况就更加普遍，哪怕只是把紫砂放在潮湿的空气中，它也会不断地吸附水汽。

防止紫砂壶发霉的方法就是泡茶不要停。紫砂壶如果能够保持一直处于使用状态则根本不需要考虑壶内是不是收干，更不必考虑其内壁的泥料内部是不是还有水分没有被收干。对于一把经常清理使用的紫砂壶来说，没有长时间的收纳就没有发霉的风险。每天都在被100摄氏度的高温冲泡的壶身里要滋生霉菌基本没有可能。说到底，紫砂壶还是得用，当然，紫砂壶中，还是有很多的精品，已经超出了用的范畴，那就另当别论了，谁也不会拿顾景舟、何道洪、汪寅仙的代表作当主力茶壶每天泡养的。

收干的还有一个办法就是用电吹风，这是为了解决发霉的问题，最直接、最有效的人为干预的方式了。而且，这样做对紫砂壶没有任何的损伤。一般在紫砂壶略微阴干之后，就能大胆地用吹风机的最高风速和最高温度对着壶内吹干，这些温度对于已经扛过1100度左右高温的紫砂壶来说，根本不是个事儿。

如果紫砂壶真的因为各种原因发霉了，又该如何解决呢？

先说一个比较绝对的建议，要是紫砂壶真的发霉了，而这个壶原本的价值不高，最好直接丢弃。因为除霉的操作既麻烦，风险又高，且未必能够完全解决霉味。所以用这个壶养水培植物，倒也不失为一种风情。

如果这是一把价值颇高的爱壶，那么先把紫砂壶中肉眼可见的发霉的部分清理干净。壶内有霉斑的地方要用壶刷反复刷洗。然后将紫砂壶打开放入容器，将水没过茶壶及壶盖，开煮，直到沸腾，并且要让容器中的水始终处于沸腾状态至少30～40分钟，这个过程中要注意两点：其一，不要让水烧干，及时添加，注意安全；其二，避免壶身与壶盖的碰撞，避免的方式就是在锅中放入一块干净的、无异味不褪色的抹布作为两者之间的缓冲。关火后，把容器中的沸水迅速逼干，然后直接加入常温水，水量也得没过壶身和壶盖，如此静置15分钟左右即可。随后把壶身及壶盖从水中取出，放在太阳光下直射暴晒（因此，做上述步骤的前提是看好天气预报，大晴天干这个事儿效果才最好），直至彻底收干。

就这样重复三到四遍甚至更多，一直到壶中没有异味。虽然不知其中原理，但这样"忽冷忽热"确实有去除霉味的奇效。可是对壶的本身来说，这样操作非常的"伤"，甚至有些壶熬不过这样的折腾。这个只是去霉味的"土办法"，口口相传，未必百试百灵。

每次紫砂壶用好，外壁都应该用干布吸干水分并且反复擦拭，这其实是养壶最重要的一个步骤。有人会问，能不能用手直接摩挲把玩，虽然直接拿手摩挲把玩，多少会将手上的油脂留于紫砂壶表面，但如果真的要严谨到每次擦壶都得隔着一块养壶巾，则多少有些减少了玩壶的乐趣。好不容易重金抱得美人归，不让"上手"而是"可远观而不可亵玩焉"，那多憋屈，那多浪费，那多煎熬……但是，另外有一种"摩挲把玩"的方式，就彻底沦为了养壶的反面教材，那就是拿起紫砂壶直接往脸上蹭，然后再用手把紫砂壶表面并不均匀的"脸油"摩挲均匀，形成了"脸油袍浆"，这是非常不可取的。

另外还要严谨地对待收纳盒的选择，收纳在盒中的紫砂壶其实也在吐纳呼吸，所以盒子的好坏太重要了，其在养壶过程中的重要程度绝不亚于上面两项。我们要注意以下几点。第一，不要使用竹制的包装盒。我曾经购入的一件"紫砂四小龙"的代表作，为了对得起它昂贵的入手价格，特地为它定制了一个厚重敦实的竹制包装盒，而且是颇具仪式感的抽拉盖。但是仅仅一年后，这个竹制盒子的抽拉盖居然变形卡住了，在一个没有控制的发力抽拉之下，盖子被抽开的同时，里面的紫砂壶瞬间从反方向飞出了盒子，摔得稀碎。所以，尤其要告诫在北方的壶友，竹制盒子在干燥环境中的变形会更为严重。第二，不要使用任何有异味的盒子，因为紫砂壶会因此造成不可逆的污染，现在的紫砂壶盒子用以固定内部充填物的胶水，甚至是充填物本身，都有可能会存在各种超标的有害物质，许多本身没有任何问题的紫砂壶因为吸入包装盒的异味，则成了第一手打开盒子的藏家心中的"化工壶"。很可惜，这个问题暂时没有太好的解决方案，因为紫砂壶的产地同时就是紫砂壶包装盒的最大产地。目前，紫砂壶的包装似乎还处于没有什么规范可循的状态，最便宜的纸盒采用的就是没有任何卫生标准的硬板纸加热熔胶粘合，制作速度极快，许多制作紫砂壶纸盒的车间，其中的刺鼻气味非常严重。所以，尽量买一些你能够承受范围内的紫砂壶盒吧。

紫砂壶收纳确实是养壶环节中耗时最长的一个步骤，特别昂贵的紫砂壶可以选择用丝绸制作的完全贴合壶型的定制内胆，以原木盒体用天然胶水包裹苏锦。如果是特别昂贵且具有较高观赏性的紫砂壶，可以选择紫檀等硬木为框做的玻璃"宝笼"收纳。

再说说"一壶不事二茶"到底是玩家良言还是商家阴谋。"一壶不事二茶"这句话从何时开始口口相传的，以及它最早的出处已无从考证。但有一点可以确定，这句话多半出现在紧压茶日渐式微的明代以后。首先中国茶叶在盛行煮茶的明代以前，基本不具备多样性。那时候每次煮茶时的各种辅料添加，造成了茶叶的品种分类在最终回归茶事的时候变得模糊了起来。因此，即使是同一种茶叶，也会因为每次煮茶的季节不同，茶客的偏好不同，而发生口味上的巨大变化。所以"一茶"并不能在每次"茶事"中煮出"一茶"基本相同的滋味。

但当紫砂这种出自南方主要茶叶产区的茶具开始盛行的时候，中国的茶叶已经基本完成了现在我们都很熟悉的"门派山头"的划分，而且茶叶也从"烹煮"转化为"沏泡"，各种烹煮时代必须添加的调味辅料也已经销声匿迹，"一茶"终于成了"一茶"。至此，一切条件具备，分得清的"一茶"有了，泡茶的这"一壶"也工艺成熟了，于是便有好事者提出了这样一个问题了，是否只能用这"一壶"喝这"一茶"呢？这个关系中有三个主体可能提这个问题，卖茶的、卖壶的、买茶的和买壶的。先来看卖茶。显然是最不可能提出"一壶不事二茶"这个观点的，因为即使做到了"一壶不事二茶"，也很难实质性地拉动茶叶的销量，但不排除许多为了养壶而养壶的玩家，会因为一定要给自己新入手的紫砂壶安排一种新茶而去增加自己的茶叶消费。这还真不是少数，因为大部分的玩家都不会介意再多一套玩具。细细回想，一开始玩壶的人似乎都有过这样的倾向。再来看卖壶的，这个是三者中最有可能提出"一壶不事二茶"这个观点的。因为只要遵循这条原则，一个喝不止一种茶叶的茶客，就应该购买不止一把的紫砂壶。从这一点来看，卖壶的是三者中"作案动机"最充分的一方，他们会利用这套理论增加自己茶壶的出货量。相信许多玩壶的朋友也都是因为在卖壶的壶商那里听到了这句文言味儿很浓的话之后，萌生了"再来一把"的念头。最后我们来看买茶和买壶的，如果真是这一群体提出了"一壶不事二茶"这个观点，那么只能说这一部分太讲究了。当然，从追求极致的泡茶效果和品质的角度来看，因为不同的茶壶，尤其是对自身材质非常特殊的紫砂壶来说，不同种泥料和壶型确实会影响茶叶的沏泡口感。但这一切的前提，是你真的有那么多差异明显的茶叶，并且有条件供养那么多紫砂壶。

所以"一壶不事二茶"是也不是，不是也是。既然已经分析了各方的动机和心态，大家在心知肚明之后还是想试试"一壶不事二茶"的这一份讲究的，到底该用什么壶来伺候什么茶呢？

我们先以紫砂壶的泥料为标准来说。

这里只说几个大致的标准，因为中国的茶叶种类实在是过于纷繁复杂，穷尽几无可能，若是再考虑紫砂壶的泥料的细分，就更是无从下手整理了，故以偏概全也在所难免，暂且择重而书吧。

紫泥

市场上最常见的泥料分为紫泥、清水泥、底槽清、红棕泥、红皮龙等。紫砂为泥料中较常见之典型。紫砂泥良者寡，劣者多，呈紫棕色，亦有玩家惯呼"黑紫泥"，因其以"紫"为名，所以占了名字的便宜，谁让这门手艺就叫"紫"砂呢。紫泥是被市场最广泛接受的泥料之一，是江苏宜兴黄龙山矿脉所开挖出来的紫砂原矿提炼而成，矿脉里铁质成分较高，泥料内所含颗粒较大，结构疏松器身明显成双气孔结构，空气对流顺畅气孔对流较好，日久使用，渐露锋芒，养成变化甚大，为养壶之最佳教材。矿区地址在江苏宜兴丁山黄龙山。烧成窑温约1150℃，收缩比约11%。

建议冲泡乌龙茶生茶（轻焙火系列）特好及普洱茶各种系列等。

底槽清

最早产于黄龙山四号井，因此也以此井口产物最为人所知。后来黄龙山五号井和台西矿亦有出产。它由于产于紫砂最底层而得名，质地特纯，泥质细腻、成色稳重，呈棕色，被近代制壶名家广泛使用。矿产地在江苏宜兴丁山黄龙山。烧成窑温约1180℃，收缩比约11%。

建议冲泡普洱茶各种系列、乌龙茶生茶（轻焙火系列）、龙井、花茶、碧螺春、红茶、绿茶等。

红皮龙

紫泥类，矿料较为稀少，近年来市场上更是少见。因为其以龙为泥命名，特别能为人所记忆，反而成为"热门"，故而单列出来说明一下。红皮龙在旧时宕口出泥时被视为上品紫泥，但单独炼制烧成后色泽较普通紫泥偏红，大都要求40目炼制，泡养后越发油润色泽红的

紫泥

底槽清

红皮龙

发艳，40目大颗粒分布均匀，犹如朱红大龙身上纹路一般，因此得名。其矿源一般分布在黄石层的下面，泥色红褐色，烧成后为红色。红皮龙相对石英含量较高，云母杂质也比较多，透气性能好，泡茶易上手，亲和力佳，温度简单易掌握，使用愈久愈发红润，为雅俗共赏之泡茶利器。矿区地在江苏宜兴黄龙山。烧成窑温约1100℃，收缩比：15%左右。

建议冲泡铁观音、台湾高山茶、普洱茶、乌龙茶生茶（轻焙火系列）、龙井、绿茶、红茶等。

紫泥系泥料制作的紫砂壶基本能适应所有的中国茶品。这样一个"兜底"的规则此处先说，就是想要告诉大家，这些视觉上显示出来最像"紫砂"做的紫砂壶，其实就是适茶性最广的一种茶壶。因为紫泥的综合吸水率和保温性方面的指标，在烧造温度达到一定控制的时候，和其他相对有个性的泥料相比是最为中庸的。不过即使是"中庸"，大部分的茶叶在用这种泥料制作的茶壶沥泡的时候，也能出现以下正向的变化。

其一，茶汤因为紫砂泥料的保温作用而更容易泡出茶叶原有的滋味。这在行话中叫作"逼出茶香"，许多茶友日常的白话中叫作"焐"或"闷"，这两个相对比较"下里巴人"的字眼是不是和泡茶的场景融合不到一起呢？其实不然，紫砂除了用作茶壶之外，还有一个同样很普遍的用途就是做锅具，为什么要用紫砂锅来烧、炖、煮？不就是要利用紫砂的持久保温性把食材炖酥、炖烂，"闷出"或者"焐出"食材的原汁原味吗？泡茶多半也是这样的原理，所以紫砂泡的茶往往会令茶客觉得滋味更加好喝。

其二，因为紫砂泥料的吸水性带走了一部分茶汤中并不友好的滋味。这个在行话中叫"泥料吸涩"，用大白话讲就是"茶不苦了"。很多不能长期存放的"季节性茶叶"，会因为其中含有的可可碱和咖啡碱等物质，在没有被充分氧化的情况下就开始冲泡而略有苦涩，这其实是一个非常普遍的现象，尤其是冲泡时间长了之后，这两种物质被充分析出，苦涩感就会更加明显，这也是很多茶叶有严格的出汤时间控制的原因，时间稍过，则甘甜尽失，苦涩顿显。而紫砂因为里外不施釉，且烧成之后其独特的双气孔解构具有很高的吸水性和类似竹炭的吸附性，于是就充分吸附了茶叶中这些造成苦涩口感的成分。

清水泥

该泥因视之古朴，若经长期使用并泡养得当，则变化显著且老味浓厚，又乃明清陶人最喜使用，为流传较多传器之泥料，故以"清水泥"名之，乃做与赏二者最推崇之泥料。近年来不知何故，清水泥市场冷落，甚至有人将之定性为低端泥料，此观点不可取。其泥性干湿易掌握，稳定性高，黏性合理，成型较易。陈泥须回炼，否则易生黑边、花泥，提炼时须留意氧化铁及石灰质之剔除。泥色醇和尔雅，文人气息浓厚，大小件作品皆可展现紫砂风华，易与使用者产生共鸣，为明初陶手最喜用泥料之一。做成的泥壶泡养日久愈呈红润袍浆，泡茶易上手，亲和力佳，温度掌握简单，可轻松冲茗。矿产地主要在江苏宜兴丁山黄龙山。烧成窑温约1160℃，收缩比约12%。

建议冲泡普洱茶各种系列，乌龙茶生茶（轻焙火系列）、铁观音、花茶、红茶、绿茶、龙井、碧螺春。

红泥

红泥在紫砂的历史前期是最常用之泥料，为江苏宜兴黄龙山红泥原矿提炼而成。当时因矿脉里铁质成分较高，炼泥技术尚不成熟，因此出窑的茶壶会产生火疵、小熔点，但日久使用，渐渐露锋，获早期壶爱好者深爱。红泥壶也是养壶者之最爱，新壶初用，茶汤略现砂气，但经使用，壶身展现出朱红，泡茶数日则如朱泥，变化明显，玩家大都赞不绝口。矿区地在江苏宜兴丁山黄龙山。烧成窑温约1100℃，收缩比约13%。

红泥

建议冲泡乌龙茶生茶（轻焙火系列）、铁观音（中焙火或重焙火系列）、普洱茶各种系列。

朱泥

朱红微嫣，具绵密柔滑之砂感，水色温润度中等。烧成后十分亮泽，热水冲淋立展娇嫩鲜红特色，壶身游移紫光邃现，神秘迷人之风韵令爱壶人神醉。以之冲茗，茶汤明亮活泼、快意果决、易展扬香而聚甘柔甜。该原矿由于泥性较重，故较不易成砂，需采自嫩泥矿中较坚硬的部分（年代较久，且成陶后色调较红艳，古称"石骨"），再经繁复全手工的炼制程序后，始能成器。矿区在江苏宜兴赵庄山、黄龙山。烧成窑温约1065℃–1100℃，收缩比为23%。

朱泥一般还能细分成三种：红中略带黄、黄中略带红、红中略带紫（高温朱泥）。至于优劣问题，就需要有相当丰富的经验才能判断了，其养成的效果主要是看"出浆"的速度以及"润"度。

建议冲泡铁观音、台湾高山茶、普洱生茶、乌龙茶生茶（轻焙火系列）、龙井等。

老红泥

此泥大多产自洑东、红卫，黄龙山少许，与朱泥、小红泥共生，近年来市场上不常用，其分布在黄土层的下面，泥色草绿色偏绿，烧成后为红色。宜兴土话"老"解释为硬，时间久之意，实则为"牢"更加妥帖。云母杂质也比较多，透气性能好，泡茶易上手，亲和力佳，温度简单易掌握，使用愈久愈发红润，为雅俗共赏之泡茶利器。烧成窑温约1170℃，收缩比10%左右。

建议冲泡铁观音、台湾高山茶、普洱茶、乌龙茶生茶（轻焙火系列）、龙井、绿茶、红茶等。

特别要提醒的是此系列中最为广大壶友所喜爱的朱泥，是沏泡高香茶的首选。因为朱泥是一种接近国家标准临界点的泥料，而这个临界的指标正是朱泥的吸水率。不过朱泥在高温烧结之后的玻化度很高，玻化度越高则吸水率越差，但是按照行业内约定俗成的做法，朱泥就应该尽量在烧造时拉高温，用漂亮的表面结晶来凸显朱泥最吸引人的光泽。但鲜亮的外观，换来的是达不到国标的吸水率。可以说，烧造最成功的朱泥正是窑温控制到"临界点"的状态。所以，一窑烧造非常成功的朱泥紫砂壶，却往往成了不达标的"次品"。然而，朱泥的吸水率下降也成为了朱泥的一个优秀特性。较低的吸水率和较高的表面玻化度，造就了朱泥紫砂壶"不夺香"的特点。朱泥不会吸附太多高香茶的茶气，故使茶汤的香气得到充分保留，这就是为什么在喜饮高香茶的中国潮汕地区，朱泥的紫砂功夫茶小壶尤为盛行。另外，朱泥壶依然保持了紫砂传统的特色"焐"和"闷"。因为朱泥毕竟还在紫砂的范畴，依然具备紫砂最基础的功能，朱泥紫砂壶这种既能"逼出茶香"，又"不夺茶香"的双重优秀品质，使之成为沏泡高香茶的首选。

下面要讲的这种泥料制作的紫砂壶，却多少有一些沏泡茶叶的局限。因为从"显著改善口感"堕入"显著影响口感"，只在于沏泡茶叶选择时的一念之间。段泥系可分为段泥、芝麻段、黄金段、绿泥、墨绿泥、以及本山绿。

段泥

泥料内所含颗粒较大结构，大都疏松，烧成后器身明显成双气孔结构，空气对流顺畅。该泥壶日日使用，渐露锋芒，养成变化甚大，为养壶之最佳之选。另外泡茶好喝，能显著改变出汤口感，因而多数玩家都对其赞不绝口。但需要指出的是，早期泥料调配和早期窑炉所升温度较低，一般段泥产品都会"吐黑"，近年来所用窑炉为高温窑，可轻易提升至所须温度，所烧成之段泥壶才真正达到较高的结晶度，少有吐黑。矿区地址在江苏宜兴丁山黄龙山。烧成窑温约1150℃，收缩比约13%。

建议冲泡普洱茶系列、铁观音及半发酵类茶、重发酵茶类（黑茶类）、乌龙茶生茶（轻焙火系列）、绿茶、龙井、红茶等。

芝麻段

其实芝麻段是段泥中比较特殊的一种，其色与一般段泥迥异，在段泥本色之中分布着星星点点的黑色颗料，其大小其实远不及芝麻，将其唤作芝麻段估计是其配色与芝麻烧饼颇类似吧。芝麻段上的"芝麻粒"，经过显微镜观察，应归入紫泥系。因此，芝麻段属于表色偏淡的老矿宕紫泥与段泥的混合矿层中的产物。其烧成之色别具一格，并且因为其本身颗粒粗大，砂质感强，所以透气性相当优秀，经常泡养后，泥色白中泛青，且日渐光亮。

芝麻段泥

建议冲泡普洱茶系列、铁观音及半发酵类茶、重发酵茶类（黑茶类）、乌龙茶生茶（轻焙火系列）、绿茶、龙井、红茶等。

黄金段

黄金段泥亦有叫作黄金段的。《阳羡茗砂土》中有记载："黄金段是段泥中质地最纯、色泽最接近黄金原色的一款泥料，是本山段泥中最为优质的精品泥料。"更早的记载来自

段泥

芝麻段

绿泥

明末周高起《阳羡茗壶系》，在说到时大彬弟子徐友泉时，该书提到了他所使用过的泥料"……有海棠红、朱砂紫、定窑白、冷金黄、淡墨、沉香、水碧、榴皮、葵黄、闪烁梨皮诸多"。其中的冷金黄被大多业内人士认定为如今的黄金段泥。其泥色黄中显金，温润，砂感如鎏金。矿区地址在江苏宜兴丁山黄龙山。烧成窑温约1150℃，收缩比约13％。

建议冲泡普洱茶系列、铁观音及半发酵类茶、重发酵茶类（黑茶类），乌龙茶生茶（轻焙火系列）、绿茶、龙井、红茶等。

绿泥

绿泥，玩者昵称其为"绿豆砂泥"，古云"豆碧色"，因泥色酷似绿豆皮，淡草绿，带本山绿泥细黄砂，清丽出众、雅俗共赏。所制壶品质感朴拙，砂质细腻而富有颗粒美感。壶品色泽米黄泛青，泡养后逐渐转为温润的亮色，袍浆感好，发幽然青光。此泥产于黄龙山矿脉，是紫砂泥中的夹脂，故有"泥中泥"之称。其产量不多，泥质较嫩，耐火力也比紫泥为低。原矿色泽为青灰泛绿，成片岩状或粉末状，以手拿之即会沾染上原矿粉末颜色，也常作为胎身外面的粉料或涂料。矿区地址在江苏宜兴丁山黄龙山。烧成窑温约1160℃，收缩比约14％。

本山绿泥

冲泡建议乌龙茶生茶（轻焙火系列）、铁观音（中焙火或重焙火系列）、普洱茶各种系列、红茶、绿茶等。

墨绿泥

此泥近天青泥色调，玩家常误云"绿泥"。绿泥者，澹草绿色也，本山绿泥者段泥之原矿矣，泥色青蓝略泛绿光（而无灰色调），始称"墨绿泥"。其泥性黏，张力尚可，细腻密实，烧制过程中对窑温要求高，窑温足则色泽温润，不足则色嫩枯燥，成器后青蓝色中略泛绿光，清秀独特，稍一泡养，色调更加稳实，温润透明，变化甚巨。冲泡时间易

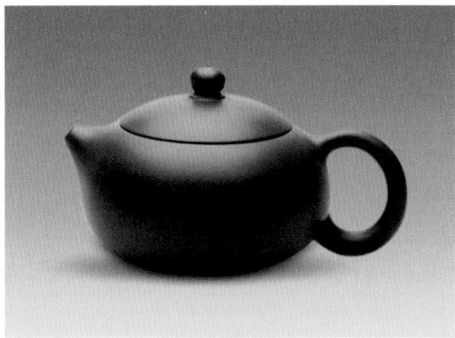

民国绿泥

掌控，实为品茗之最佳帮手。烧成窑温约1122℃，收缩比约14%。

建议冲泡普洱茶系列、铁观音及半发酵类茶、重发酵茶类（黑茶类）、乌龙茶生茶（轻焙火系列）、绿茶、龙井、红茶等。

段泥是一种非常普遍使用的紫砂泥料，但有许多初阶玩家会因为这种泥料不是"紫"的，就把它当作其他陶土，甚至有些人还会因为这个泥色拒绝收藏。当然，进阶的玩壶人，就会追求段泥的紫砂作品，因为这种泥料所制作的壶，无论从"盘"的乐趣来讲，还是从饮茶的功能来说，都是极具个性价值的。

总的来说段泥是很挑茶的，许多人也正是因为其"挑茶"而选择段泥，因为"挑"才说明"专属"。段泥的紫砂壶最好不要拿来沏泡高香茶，在同样使用合适的窑温烧造的紫砂壶中，段泥的吸水率往往较高，原因是段泥烧造之后的分子结构会比朱泥甚至比普通紫泥的分子结构更加疏松，因此其对茶叶味道的吸附能力会比较高。这对需要尽可能多保留香气的各类高香茶而言，就绝非优质属性了。比如单丛，在这个吸水率很高的泥料的"照顾"之下，香气和滋味均耗损许多。不管是什么类型的段泥壶，沏泡普洱生茶和白茶都有改善口感的显著"奇效"。因为这两种茶叶有一个共同点，就是想要喝好，必须藏好。说白了是用时间换滋味。一饼好生茶需要的是十五年，甚至更久的存仓时间，同时包括需要合适的湿度和环境，白茶所需亦大致如此。如果年份未到，或者所藏环境欠佳，茶汤就会略带涩感。此时如果沏泡的茶具是一把段泥的紫砂壶，那么这种涩感的明显降低是入口便知的。

对于段泥的使用，下面这点是必须要告诉大家的。有些人觉得段泥，尤其是颜色较浅的段泥，不适合用来沏泡深色茶。这个观点是有失偏颇的，许多壶友就是喜欢用深色茶来养段泥壶，由此带来的色泽变化速度是很快的，养壶的成就感也会大增。但这样做的前提是需要有很好的习惯，因为这样的泡养法，要求每天饮茶之后的紫砂壶清洗是必不可少的功课，否则一定就会沦为了养壶人中的"污衣派"。其次，有许多特殊的壶型，比如供春壶，因为有非常繁复的表面肌理，而且大都使用段泥制作，这时候请务必大胆使用深色茶沏泡，因为深色茶会嵌入泥料的内部结构之中，把整个壶要表达的肌理效果完美地体现出来。

其他种类泥料有：黑泥、降坡泥、天青泥、青灰泥、黑土星、黑疾星等等。

黑泥
为早期通用泥料之一，因矿脉里铁质成分较高，为养壶者之最爱。新壶初用砂土气重，茶汤略现砂气，但经使用，壶身展现出灰黑，泡茶数日则如墨黑，且泡茶口感好。矿区在江苏宜兴丁山黄龙山。烧成窑温约1130℃，收缩比约12%。

建议冲泡乌龙茶生茶（轻焙火系列）、铁观音（中焙火或重焙火系列）、普洱茶各种系列、绿茶等。

降坡泥

降坡泥是在宜兴丁蜀镇修建陶都路工程穿越黄龙山贺青龙山时发掘到的紫砂陶土。因为主要是在降低该路段的陡坡工程中发现的，所以大家习惯称之为"降坡泥"，宜兴当地人发音为"岗坡泥"。传说当时宜兴修铁路时挖出的紫砂明矿是一座小山丘，泥料颜色古朴，黄中带红，烧成后壶体中的黄砂隐现，因为接近石灰石含量颇高的青龙山，所以烧成后水色滋润，质感非常漂亮。于是大家开始争先恐后地挖掘，小山丘很快被削平了。矿区在江苏宜兴丁山黄龙山。烧成窑温约1100℃，收缩比约13%。

建议冲泡乌龙茶生茶（轻焙火系列）、铁观音（中焙火或重焙火系列）、普洱茶各种系列。

天青泥

清代时常用泥料，现在矿量极少已不易开采，市场中成品稀有。色泽呈青灰色，内含多种矿石颗粒，成品袍浆温润、质感特殊，俗称"鲨鱼皮"，是非常难得的泥矿。它的泥性是浆嫩，含铁、铝量高，黏性较低，比较难成型。成品优点：经高温窑烧后双气孔结构明显，传温快、保温性强。矿区在江苏宜兴黄龙山。窑温约1200℃–1250℃，收缩比约12%。

建议冲泡乌龙茶生茶（轻焙火系列）、普洱茶各种系列。

青段明式

青灰泥 藏青灰泥

这是明末清初广为流传的常用泥料，近年来开采量少，故成品甚稀。其泥性疏松不结，含铁量高，张力特大，不易变形、塌陷，但黏性不足，易现氧化铁熔点，石灰、跳砂，杂质较多，烧窑温度特高。由于双气孔结构明显，空气对流顺畅，简朴古雅，老味十足，砂感重而不刮毛，色泽如紫似灰，沉重扎实不妥协，似硬汉风格，十分易于辨识，别具明代紫砂原料气韵。窑温约1200℃，收缩比约13％。

黑土星

此泥料又称"黑心土"，是黄龙山底糟青最底层原矿中偶见内含澹墨色细小夹心层集中而成，经数年下来，提取量极少，极珍贵。其黏性佳，石英、云母、赤铁矿的含量特别多，所生产的茶壶会产生非常密集的小熔点，器身明显成双气孔结构，空气对流顺畅。黑星砂壶养成变化甚大，为养壶之最佳。矿区在江苏宜兴丁山黄龙山。窑温约1180℃-1200℃，收缩比约11％-12％。

建议冲泡绿茶、红茶、乌龙茶生茶（轻焙火系列）。

黑疾星

此泥呈黯肝色，略泛朱光，成品周身均现黑色小融点，为朱泥原矿黄石黄之外壳碾碎成砂，掺于特选宜兴赵庄山朱泥系之棕色调原矿中，经过浆捶炼而成。亲茶性恬和，色沉稳重却持之略轻。该泥壶一经使用，温润光华，晶莹剔透，当属泥中极品。窑温约1500℃，收缩比约18％。

除了不同的泥料，不同的紫砂壶器型也同样有其大致对应的茶品。这里简单罗列两条约定俗成的规则。

高身筒小盖径的紫砂壶适合全发酵茶，因为全发酵的茶大都是100℃沸水直接冲泡，几乎没有什么茶水温度的控制要求，只需要"锁住茶气"并且"闷出茶味"。小盖径的紫砂壶能够较好地"锁住茶气"，而高身筒则等于在茶叶之上覆压了很"厚"的一层茶水保温层。

但是在用这种高身筒小盖径的紫砂壶泡全发酵茶的时候，要在壶中少许流出一点空间，而不是用茶汤彻底盖没。因为沏泡茶叶时留出一定的空腔，能够让茶叶和氧气在出汤前有最后短暂氧化。

有人以为紫砂壶不能用来泡绿茶。这个偏颇的观点在茶客中口口相传。且问那些持这种观点的朋友，盛行于明清的紫砂壶产地，就是在盛产绿茶的江南地区。如果连当地最普通的绿茶都能不沏泡，而是必须拿来"伺候"其他产地的茶叶，那么局限性未免也太大了。

事实上绿茶可以用紫砂壶沏泡，而且可以泡出非常惊艳的味道，这是玻璃杯所无法泡出来的。用紫砂壶沏泡绿茶只要注意以下几点，就能让经常用玻璃杯沏泡绿茶的茶友顿时觉得自己之前都是暴殄天物了。其一，严格控制水温，原则上不要超过85℃。按照绿茶从早到晚的采摘顺序，从雨前茶开始，水温逐渐提高，采摘越晚，水温越高，其幅度基本在摄氏75℃-85℃之间。这个温度能使茶汤色泽清澈，茶叶保持碧绿。其二，严格控制出汤速度，使紫砂能够有效逼出茶香。但如果茶叶在用热水泡入后久置壶中，就会逼出所谓的熟汤气，茶叶色泽也会因此发黄，绿茶中的茶多酚等有益元素会因此遭到破坏。所以一般出汤时间要控制在30秒左右，此时的茶汤口感较为清淡。当然如果希望喝到较为浓郁口感的，出汤时间则可以适当延长，但不宜超过一分钟。

其实"一壶不事二茶"还有后半句，这就是"三餐皆取四季"，虽然不知道出处在哪里。但换作当今的话来说，就是品茶和饮食的习惯都应当多元化。所以有条件就尽量多元化吧，有趣、健康、多赢，何乐而不为呢。

荷叶形莲瓣洗 陈鸣远

剑流德钟壶 邵大亨

束竹壶 陈鸣远

乾隆御制诗紫砂盖壶

鱼化龙　黄玉麟

芒果壶 蒋蓉

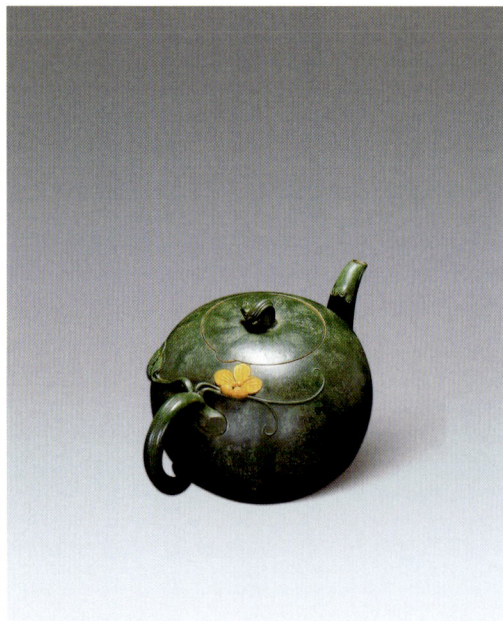
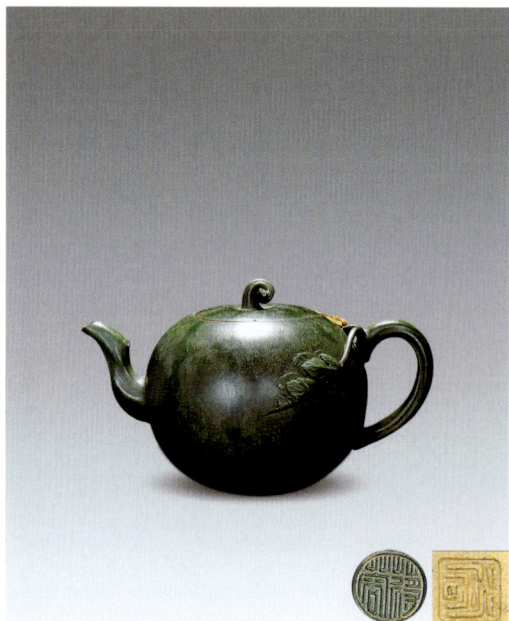

西瓜壶 蒋蓉

圣柏壶　汪寅仙

大岁寒三友 何道洪

岁寒三友壶 何道洪

湘妃竹 陈成

龙头八卦一捆竹　吴幼波

工 · 藏

工．藏

　　"工"与"藏"通常是一个建立在"比较学"基础上的一次重要进阶，因为对于一把壶做工的高低判别，最直观有效的方法就是同壶型之间"控制了变量的比较"。当玩家已经拥有的一种壶型出现了第二把的时候，这位玩家就可以在控制了一个变量的基础上，对这两把同一壶型的紫砂壶做出工艺高低的判断。一般来说，许多玩家会把其中认为"工"更好的那把壶收起来，而另外一把壶型相同，但工艺稍逊的则摆在茶台上日常使用，这就是一个简单的以"工"的标准区分"玩"和"藏"的方式。

　　关于紫砂的"型"和"工"通常存在两个错误认识：
　　第一，壶型的拿捏，只要有原件对照或者老师指导，就可以完全掌握，只是时间问题。
　　第二，紫砂壶的制作工艺水准，只要足够用功仔细，提高和做好也只是时间问题。

　　这里要告诉大家的是：上述两者虽然在经过名师指导、观摩传器、耗费时间等方式后，或多或少会有所提高，但要提高到出类拔萃的程度，靠的还真就是"天赋"二字。无论这个结果是否让人沮丧，因为事实就是如此。

　　对于拿捏壶型的整体比例之类，靠的是作者的眼光，眼光在一定阶段内是可以提高的，但到了一定的程度，某些天才的眼光就是普通人所达不到的。这些"天才"拿捏的壶型就是比别人准确，比别人舒服，制作出来的紫砂壶就是在气韵上高出同行一等。一个才智平庸的制壶工匠很有可能在没有了壶样对照和老师指点的情况下，立马出现壶型拿捏上的偏差。而一个天赋异禀的作者，既不需要老师在一旁看着，也不需要原件在一边摆着，他们靠一张照片，就能准确把握壶型，并且把壶型的气质表达出来。更有甚者，他们也许在某个下午，一时兴起，随手抟砂，就能创造一个比例协调、造型优秀的新壶型。时大彬是如此，陈鸣远是如此，

虚扁 顾景舟

邵大亨是如此，顾景舟亦是如此。他们能有如今的地位，天赋占比实在是太高了。

关于制作工艺，有个故事。曾经有位艺人，他做仿鼓、掇球这两个壶型已经拿捏得非常老辣了，可以说与历史上的原件传器相比，在壶型方面已然不分伯仲。但是当这把成壶上手之后，玩家却始终觉得身筒的处理上没有那种"好壶"应该有的、很难言表的"高级"手感。那么既然壶型已经做得到位了，壶的这层表面的工艺不就是"明针多打几道""篦子多篦几遍"的事情吗？于是玩家就要求这位艺人同样的壶型再各做一把，并反复叮嘱要在壶身上"明针多打，篦子多篦"，并且明确表示，可以提高 30% 工价，只求一个更高水准的表面手感。

这位艺人略带歉意地对玩家说："这个明针功夫是看老天爷的，我就是做不好，篦子再多篦，明针再多打都没用，落手没感觉就是没感觉，效果出不来的。以前年轻的时候也做不好，到老了还是做不好，你如果真的想要摸起来有高级感的，那么表面处理我给你推荐我的侄子，他壶做不好，但明针功夫却比我好多了。"

就这样，通过"一把壶二人工"的方式，这位玩家最终拿到了两把满意的作品。所以有许多事情不是你仔细了、花时间了就一定能做好的，天赋实在是太重要了。就像这位老艺人的侄子，不去制作这两件传器，而甘于只为别人提供表面处理的原因很简单，就是他天生壶型拿捏不行。

留一个有趣的问题给大家思考、选择，这两把壶应加盖的是谁的款?
A. 老艺人的款
B. 老艺人侄子的款
C. 老艺人和侄子联名的款
答案就请大家自己心中默定吧……

紫砂工艺的形成

茶及茶具演变

俗话说，水为茶之母，器为茶之父，好水好器才能出好茶。

唐代以前，原始社会的古人更多的是把茶叶当作一种药或者蔬菜吃的，他们从树上摘下茶叶直接放嘴里嚼，使用茶具基本无从谈起。

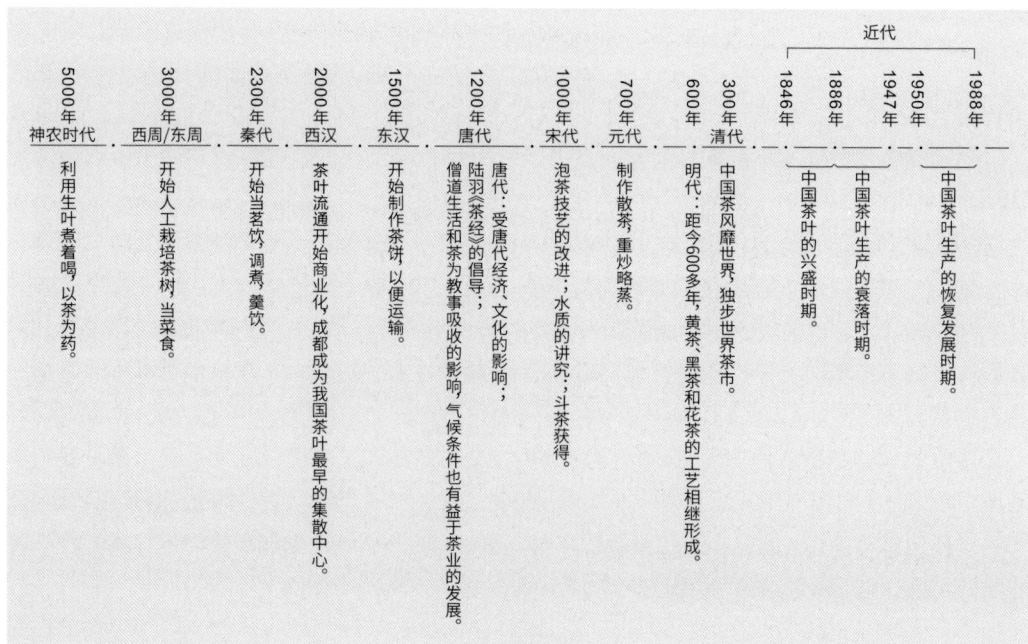

年代	时代	说明
5000年	神农时代	利用生叶煮着喝，以茶为药。
3000年	西周/东周	开始人工栽培茶树，当菜食。
2300年	秦代	开始当茗饮，调煮羹饮。
2000年	西汉	茶叶流通开始商业化，成都成为我国茶叶最早的集散中心。
1500年	东汉	开始制作茶饼，以便运输。
1200年	唐代	唐代：受唐代经济、文化的影响；陆羽《茶经》的倡导；僧道生活和茶为教事吸收的影响，气候条件也有益于茶业的发展。
1000年	宋代	泡茶技艺的改进；水质的讲究；斗茶获得。
700年	元代	制作散茶，重炒略蒸。
600年		明代：距今600多年，黄茶、黑茶和花茶的工艺相继形成。
300年	清代	中国茶风靡世界，独步世界茶市。
1846年	近代	中国茶叶的兴盛时期。
1886年	近代	中国茶叶生产的衰落时期。
1947年	近代	
1950年	近代	中国茶叶生产的恢复发展时期。
1988年	近代	

茶文化历史

当茶叶从生嚼变成羹饮，并逐步成为古人日常饮料后，专用的茶具才可能产生。最早的茶具是与酒具、食具共用的，它是陶制的缸，一种小口大肚的容器。

至于茶叶在什么时候成为日常饮料的，至今尚且没有统一的说法。

茶圣陆羽认为是春秋战国时期，陈寿书中"以茶代酒"的典故认为是三国时期，而欧阳修的《集古录》认为饮茶始于魏晋时期。

陶缶 陕西历史博物馆（藏）

而西汉王褒在《僮约》中说"烹茶尽具"，这说明在烹茶之前要洗净各种茶具，证明了在西汉时期已经有了茶器。这是中国茶具发展史上最早谈及茶具的史料。

到了唐代，茶具得以迅猛发展，人们不仅把茶作为日常饮料，而且还讲究饮茶情趣。所以，茶具自唐代开始，不但种类齐全、讲究质地，而且还很注意因茶择具。

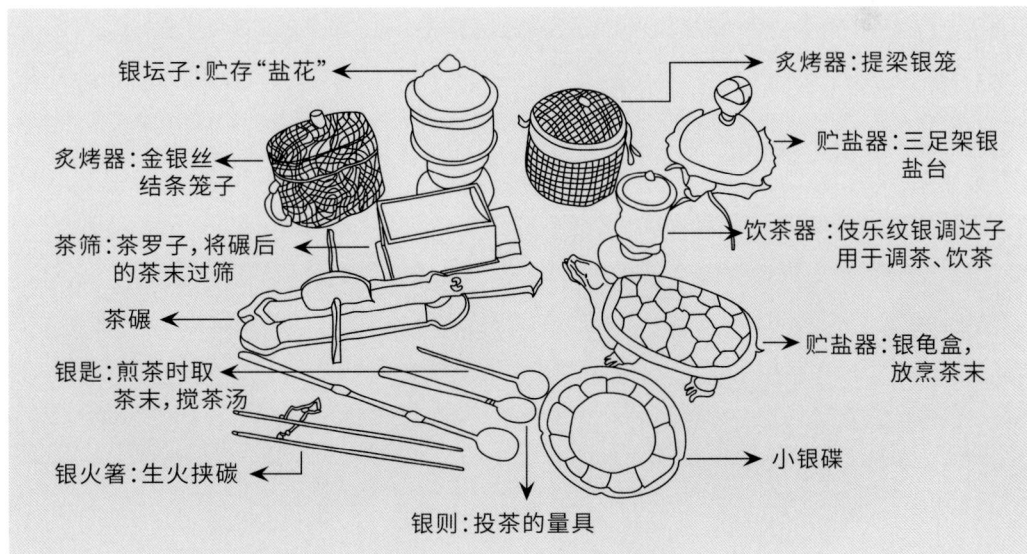

银坛子：贮存"盐花"

炙烤器：提梁银笼

炙烤器：金银丝结条笼子

贮盐器：三足架银盐台

茶筛：茶罗子，将碾后的茶末过筛

饮茶器：伎乐纹银调达子用于调茶、饮茶

茶碾

银匙：煎茶时取茶末，搅茶汤

贮盐器：银龟盒，放烹茶末

银火箸：生火挟碳

小银碟

银则：投茶的量具

陕西法门寺出土的唐代宫廷茶具

斗茶图

唐代茶具，大致可分为两类。一类是陆羽在《茶经》中按当时饮茶全过程的需要，列出的贮茶、炙茶、煮茶、饮茶器具有20多种。它是包括地方官吏、文人学士使用的茶具在内的民间茶器具，多以陶瓷为主。另一类是皇室宫廷饮茶器具，多以金属为主，如金银茶具、秘色瓷茶具、琉璃茶具等。这从在陕西法门寺出土的茶具中可管窥一二。众所周知，法门寺地窖中的这些国宝级文物全部都出于唐代皇室的供奉。

宋代是唐代茶具的延续。宋代的饮茶方法，无论是煎茶法，还是点茶法，基本都来自唐代。因此，宋代茶具与唐代大致一样。

宋代的茶具主要有茶碾、茶罗、茶盏和茶瓶等，饮茶大多不用碗而用盏。并且宋代"斗茶"风盛行，为达到斗茶的最佳效果，他们对茶具的选用较唐代更为讲究。

唐人因皇室的偏爱，自上而下地推崇越窑青瓷茶碗，而宋人崇尚黑釉建茶盏，如斗茶盏（碗口内壁有水痕线）。黑釉建盏由于适宜斗茶，故受到斗茶者的青睐。而南宋的传世孤品"曜变天目茶碗"当属碗中翘楚，后流传到了日本。日本人形容这个碗，都是用"碗中宇宙"这种词，说里面仿佛是深夜海边看到的星空，高深莫测。他们是以中国之"唐物"为本国之国宝，引以为傲的。

在宋代，上层人士饮茶，对茶具的质量要求比唐代更高。宋人讲究茶具的质地，制作要

日本茶盏

黑釉建茶盏

求更加精细。范仲淹诗云："黄金碾畔绿尘飞，碧玉瓯中翠涛起。"陆游诗云："银瓶铜碾俱官样，恨个纤纤为捧瓯。"这些说明当时地方官吏、文人学士使用的是金银制的茶具。而民间百姓饮茶的茶具就没有那么讲究，只要做到"择器"用茶就可以了。

点茶法是宋代斗茶所用的方法，茶人自己饮用亦用此法。这时不再直接将茶放入釜中煮熟，而是先将饼茶碾碎，置碗中待用。以釜烧水，水微沸初漾时即冲点碗中的茶。

元代关于茶具的记载较为稀少。元代茶具虽历史短，可寻的史料不多，但人们仍可在有关史料中找到踪迹。

明代高濂的《遵生八笺》说，姜铸的铜茶炉是："名擅当时，其拔蜡亦精，其炼铜亦净，细巧锦地花纹，亦可入目。"此外，在宋末元初，宋人用点茶法饮茶的茶具仍受到元人的厚爱。

应该说，明代开辟了人们饮茶方式的新潮流。由于当时改制"废团兴散"，茶叶以条形散茶为主，煎煮法也改为冲泡法。这种冲泡法就是在泡茶时不需将团茶散开碾末，而是直接取一撮散茶入壶或碗，用开水冲泡，稍候即饮。明代茶具对唐、宋而言，乃是一次大的改革。由于饮茶方法的改变，一些新的饮茶茶具，如小茶壶等脱颖而出。从明代至今，人们所用的茶具品种基本上没有太大的变化，仅在茶具的式样或质地上略有改进。

按照明代的饮茶方法，最普遍使用的茶具是烧水沏茶（碗泡）和盛茶饮茶（壶泡）。

碗泡口饮：茶叶浮在茶汤表面，须用碗盖拨开及挡住浮叶，便于茶汤入口，于是茶碗上面加盖，下面加托，便成一套三件的盖碗茶具（即茶盏）。

明代茶盏，仍是用瓷烧制，但用的茶盏已由黑釉茶盏变为

冲泡法

煮茶茶具

甜白釉茶盏

六瓣水仙壶　时鹏

雍正粉彩盖碗

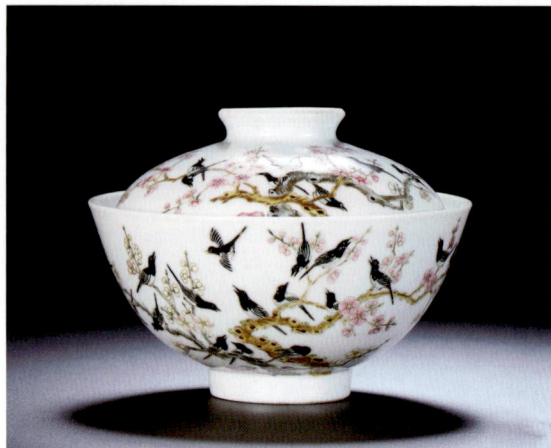

雍正粉彩盖碗

白瓷或青花瓷茶盏。明代的白瓷已经有了很成熟的工艺并且具有很高的艺术价值，史称"甜白"。由于白瓷茶盏造型美观，比例匀称，料精式雅，在茶具发展史上占有重要地位。

壶泡杯饮：明代最为崇尚瓷制或紫砂制的小茶壶，但这里的"小"已然还是相对的，其造型变化无穷，并可雕刻字画。说到小茶壶，就避不开功夫茶。功夫茶使用的茶具是十分讲究的。宜兴紫砂壶，文震亨的《长物志》曾形容用紫砂壶泡茶，"既不夺香，又无熟汤气"。可见功能性与美观兼具的紫砂已进入茶客的视野。

到了清代，茶具更是花样繁多。清代的茶具无论是种类还是造型，基本上都没有突破明人的规范。但与明代相比，清代茶具的制作工艺却有着长足的发展，这在清人使用的茶盏和茶壶上表现最为充分。

红釉白莲花盖碗

清代的茶盏和茶壶，大多以陶或瓷制作，以康熙乾隆时期最为繁荣，并以"景瓷宜陶"最为出色。清代的茶盏，以康熙乾隆时盛行的盖碗最负盛名。清代瓷茶具精品多由景德镇生产。盖碗中的精品有康熙五彩盖碗、雍正粉彩盖碗、红釉白梅花盖碗等。

清代的茶壶不但造型丰富多彩，而且品

种琳琅满目。著名的有康熙五彩竹花壶 、乾隆粉彩菊花壶等。清代的宜兴紫砂陶茶具，在继承传统的同时又有新的发展。

康熙年间，宜陶名家陈鸣远制作的梅桩壶、南瓜壶等，集雕塑装饰于一体，情韵生动，匠心独运，是清初的一座高峰。

此外，自清代开始，福州的脱胎漆茶具、四川的竹编茶具、海南植物（如椰子等）茶具也开始出现，自成一格，逗人喜爱，终使清代茶具异彩纷呈，形成了这一时期茶具新的重要特色。

紫砂工艺形成的时代背景

如果没有明初开始的饮茶习惯的变迁，就不会有紫砂壶的出现和发展，也许中国传统工艺中就压根儿不会出现紫砂。

作为紫砂肇始之地，宜兴本地人特别乐意将宜兴紫砂的历史往高古和久远推演。从情感上，他们并不满足于紫砂工艺形成于明代中后期的这种说法。而我们也确实可以从宋代不少文学作品中找到类似于紫砂茶具的文字，如北宋的欧阳修在《和梅公仪尝茶诗》中的"喜共紫瓯吟且酌"，还有北宋的苏轼诗赋中的"松风竹炉，提壶相呼"，以及宋诗的开山祖师梅尧臣的那两句颇为人称道的"紫泥新品泛春华"和"雪贮双砂罂"。这些诗句里无一例外地出现了"紫""砂""壶"三个字，但这里的"紫瓯""紫泥""砂罂"要是被认定为当时的茶具，当属合理，但若要将其硬套成紫砂制品则多少有点牵强。纵观宋代的饮茶习惯，当时人大多喜好"斗茶"，由于紫色的深色茶具能更好地展现当时茶汤的色泽，因此大部分茶客都喜深色茶具。这些诗文里提到的，大致应该是北宋福建建阳窑及南宋江西吉州窑烧制的紫胎黑釉茶具，而不是宜兴人自认为的紫砂茶具。

已知最早明确记载有紫砂的茶书，是许次纾在万历二十五年（1597）成书的《茶疏》："往时龚春（供春）茶壶，近日时大彬所制，为时人宝惜……"但在稍早时王樨登的《荆溪疏》中，也已经提及了大量的宜兴丁蜀地区制陶的记载，但却未提紫砂。根据这位作者的生平，他曾经有两次到访宜兴，分别是在嘉靖四十一年和万历十一年，虽说万历十一年到万历二十五年中间只有短短的十四年时间，但这也足以说明，这十四年对于紫砂来说是从无到有，从不为人知，到声名鹊起的几个关键的年头。

至万历晚期,文学家,书画家李日华在《味水轩日记》赠道:"里中黄黄裳者,善锻锡为茶注……一时高流贵尚之。"在往后邓之诚编撰的《古董琐记》中的《明代坊里均役碑》里又非常清楚地载明了直隶常州府江阴县各衙门所用的各类物什，其中茶具依然均为"锡茶壶"。从这点，至少可以得出在许次纾《茶疏》之前，明代人喜好的茶具依然还是百花齐放的，紫砂的使用并未达到其后的荣盛。

之前已经提过，中国在唐宋时期的饮茶方式与现在完全不同。明洪武二十四年（1391）九月，明太祖朱元璋下诏废止团茶，改散茶，由此便开创了中国茶饮的新时代，紫砂走上历史舞台的条件也已近具备。

从明代"废团改散"看紫砂工艺的演进

明太祖朱元璋为什么要"废团改散"呢？通过对各种史料的整理分析，原因大致有四个。

一是因为当时的龙凤团茶所采用的制茶工艺非常复杂，尤其是北苑龙凤团茶用工巨大，价高惊人。引用欧阳修《归田录》中所说："茶之品莫贵于龙凤，谓之团茶……小团凡二十饼重一斤，其价值金二两"。可见它耗费了太多的人力物力，这在农民出身的朱元璋眼里一定是非常奢侈的事情，在一位皇帝眼中，这种做法也大大限制了茶业这种经济作物的普及与发展。如此天价的茶注定了只能为少数人享乐，就百姓而言，根本消费不起。因此，平民出身的洪武皇帝下决心取缔这种制茶模式，改用制作工艺相对简单、价格亲民的散茶。另一个目的应该也是为了与前朝做出比较，要使普天之下百姓都能享用饮茶这种本来只属于贵族的快乐。

二是自唐以降，一路延续下来的贡茶制度，造成了各级官吏对底层茶农与茶工的剥削愈演愈烈。贡茶制度形成之初，只是由各产茶地的地方官吏征收各地的名特茶叶作进贡皇帝的土特产品，基本上属普通的"土贡"性质。但自唐代开始，贡茶却有了进一步的发展，除上贡外，官府还专门在重要的名茶产区设立贡茶院，直接管理，督造各种贡茶。但无论是土贡，还是官营的贡焙，都无疑加重了茶农的负担。贡茶制度到了元末，实质上已经演变成了一种变相的税制，茶农深受其害，对茶叶生产的发展很是不利，这就是贡茶制度的消极作用。元代时，还曾经多次爆发了小规模的农民暴动，反抗朝廷对茶农的盘剥，从而也造成了社会的不稳定。因此，务实的朱元璋在果敢取缔"龙团凤饼"的同时，也一并撤销了北苑贡茶苑，不再设皇家茶园。

三是讲究生活质量的宋代，过分强调制茶技艺和追求工艺的极致。制茶技艺在达到顶峰之时，反倒是无所发展。这就使一部分制茶工匠在技穷之后，开始走向"旁门左道"。为了提高茶叶的香气与滋味，他们便将龙脑及一些香料，相当于我们今天的香味添加剂的东西，混入茶中，使品茶者明显感到不同于其他茶的味觉，以便胜出。这种近似"掺假"的方法在当时不是少数，而是一种普遍现象，并被记录在很多茶书里。

四是宋代斗茶之风盛行于朝野上下，上至达官贵人，下至平民百姓，无不以斗茶为乐。由于当时太多人沉迷于此无法自拔，且具赌博性质，朱元璋称帝后就立即下令废除团茶，禁止使用大盏饮茶。

朱元璋的一道圣旨，使延续了上千年的唐宋制茶工艺和基于此的饮茶习惯走向消亡，最终不见了踪迹。很多茶叶史专家对明代朱元璋的做法一直耿耿于怀。他们认为中国的制茶技术在宋代达到顶峰之后，则由盛转衰，其转折点就在明代朱元璋开国之始。但这个演变的过程在有明一代，基本就是一个循序渐进的过程，而不是一朝一夕的彻底替代。

明代正统朝以来涌现的众多茶书如实记录了这一变革过程。朱权"取烹茶之法，末茶之具，崇新改易，自成一家"。制茶时"采一枪一叶者制之为末，无得口膏为饼"。饮茶则沿用宋制"以一匕（末）投盏内，先注汤少许调匀，旋添入"。这充分反映了明代早期，对唐宋饮茶习惯的丝丝怀旧之情，以及对当时朝廷制度的巧妙变通。而正德四年张源的《茶录》中所反映的则是明代中期对饮茶之法的更深刻反思："古人制茶造则必碾，碾则必磨，磨则必罗……今时制茶，不假罗磨，全具元体。"记炒茶之法："锅广二尺四寸。候锅极热，始下茶急炒，火不可缓。"随之而来的是饮茶之法的脱胎换骨，彻底摒弃了宋代的"点茶"，代之以"渝茶"。"探汤纯熟，便取起。先注少许壶中。祛荡冷气倾出，然后投茶……稍茶水冲和，然后分酾布饮。"其后，嘉靖三十三年田艺荷的《煮泉小品》记载了武林龙井的"晒茶"，"芽茶以火作者为次，生晒者为上……""生晒茶渝于瓯中，则旗枪舒畅，青翠鲜明，万为可爱。"这大概就是许次纾所云"杭俗"也。万历年间的许次纾、闻龙等人还纷著茶书，分别记载了茶的蒸制之法。反映明代晚期制茶法和饮茶法日趋多样。

从明初到明末，饮茶的习惯就这样悄然地变动着。茶器也因为饮茶习惯的变化而不断演进。一直到崇祯十三年，周高起的《阳羡茗壶系》成书。可以说，这是中国历史上首部紫砂论述专著。就是在这本专著中，紫砂开始正式登上了历史舞台。"近百年来，壶黜银锡及闽豫瓷，而尚宜兴陶……以本山土砂能发真茶之色香味。"这本著作的出现，总结了宜兴紫砂从明初朱元璋废团推散开始近百年来的发展史，从而也标志着中国古代饮茶方式，向近现代饮茶方式的转变，经过明代漫长的过渡期，最终全部完成。明代中晚期茶具，由唐宋以来的银、瓷、锡、铜等材质终归于紫砂的重大变革。在这个过程中，时大彬做出了重大的贡献。

紫砂胎开光人物漆器方壶 时大彬

紫砂工艺形成中时大彬的历史贡献

让我们再次来看许次纾《茶疏》成书的万历二十五年（1597），当时已经普遍采用抄青法来制茶，以冲泡法来饮茶。经过洪武以降的演变，这似乎已经成为了一种时尚，《茶疏》中就有绘声绘色的描述："先握茶手中，俟汤既入壶，随手投茶汤。以盖覆定。三呼吸时，次满倾盂内，重投壶内，用以动荡香韵，兼色不沉滞。更三呼吸项，以定其浮薄。然后泻以供客。则乳嫩清滑，馥郁鼻端。病可令起，疲可令爽，吟坛发其逸思，谈席涤其玄衿。"

尽管许次纾的《茶疏》中提到了供春、时大彬的紫砂壶，但许次纾等当时的茶人似乎仍不喜欢使用紫砂壶，故才有"砂性微渗，又不用油，香不窜发，易冷易馊，仅堪供玩耳。其余细砂，及造自他匠手者，质恶制劣，尤有土气，绝能败味，勿用勿用"的评论，这些对用紫砂陶来制作茶壶的评论，与以后明末对紫砂的评论，结论恰好相反。这也正好说明了当时社会上已经流行以紫砂陶作壶，人们开始推崇供春、时大彬的作品。供春制壶在万历早期的社会上应该还能见到，成书于万历三十二年闻龙的《茶笺》中有"因忆老友周文甫，尝蓄一龚供春壶，摩掌宝爱，不啻掌珠"之记载。他们的作品应该是"盖皆以粗砂制之"，且"随手造作，颇极精工"，但因为容易损坏，所以当时市面能见到的也不多。另外，从这段记述中，我们也能了解到当时除了时大彬的部分粗砂壶外，更多的是细砂壶，包括时大彬的作品在内，绝大多数的紫砂壶的烧造温度并不高，故造成许多壶并没有烧结。因为没有烧结，壶就容易渗水，而且价格昂贵，所以在部分文人眼中，紫砂壶还不是主流的饮茶器具。

到了万历后期，以紫砂壶作为主要的茶器已经成为了一种社会时尚，故华淑辑的《品茶八要》才有了"茶器须宜兴，粗砂小料者为佳，入铜锡器，泉味便失"的说法，紫砂茶壶在茶家中得到了极力推崇。而到了明代崇祯，紫砂壶在文人茶客的推崇下，历史地位更是达到了一个新的高度，即"若今时姑苏之锡注，时大彬之砂壶，汴梁之汤铫，湘妃竹之茶灶，宣成窑之茶盏，高人词客，贤士大夫，莫不为之珍重，即唐宋以来，茶具之精，未必有如斯之雅致"。

《茶疏》中提到的"往时龚春茶壶，近日时大彬所制，大为时人宝惜"。这是目前最早提到时大彬创作紫砂壶的文字记载，其所谓"近日"，则表明至迟万历二十五年，时大彬制作的紫砂壶已经引起了世人的重视，至少在部分喜欢饮茶的文人中已经很有名了。

时大彬推进了紫砂壶的工艺的稳定化，完成了紫砂壶的器型的小型化，影响了紫砂壶的受众的文人化，对当时紫砂壶的工艺发展做出了极大贡献。

紫胎胎画珐琅壶

全手工 半手工 机车工

　　"全手工和半手工"是一个不专业的说法，因为自古以来做壶的手艺人就从不刻意强调全手工和半手工这一说法。这个所谓"全手工和半手工"的说法一开始来自民间的玩壶人，并有一定的时代局限性，因为紫砂壶的成型方式从开始成熟到现在，在大部分时间里，紫砂壶只有手工制壶，在"古典"紫砂壶成型概念里，"古人"用过石质"印版"，用过木头"雕版"，"七老"还开过金属"构件"。"古人"和"七老"即使真的使用了这些工具，也不会称呼这些为"半手工壶"。

　　在紫砂的真正产地，"半手工和全手工"完全是因为被"买家"叫得多了，于是当地人为了迎合市场，也就跟着这样称呼了，但是当地人知道人们嘴里口口声声的"全手工和半手工"在他们的语言体系中指对的到底是什么。既然买家已经"自觉"地定名并且定义了紫砂中最有争议的"全手工和半手工"，那么卖家为什么不顺水推舟，在买家认为对的定名和定义的基础上，建立起一套买家更能够理解和深信的紫砂成型的标准体系呢？所以，这个除了紫砂泥料之外的第二个颇具争议的话题，因为掺杂了更多的人为因素，而变得更加扑朔迷离。

　　让我们从一个"一千到两千"的故事来基本了解所谓的"全手工和半手工"。这里尝试通过四个最常见的选壶行为，来说明玩家们为什么纠结于"全手工与半手工"的密切问题。

　　行为一：翻看底款

　　这个动作非常"致命"，也是大部分紫砂初入门的玩家会做的第一个"露馅"的动作，因为，如果连这个壶的做工、壶型的好坏，或是否全手工都撇在一边不顾，而先去看底款，这就预示了该玩家很有可能已经被带入了"职称高则价值高"的固定思维，此思维要不得。原本 1000 元的壶有可能因为这个小动作，便被卖家加上了 250 元。

　　行为二：瞄看"三点一线"

　　"十壶九歪"是业界公理，据说这话就出自泰斗顾景舟老爷子之口。如果一味强求紫砂壶"三点一线"，就很有可能因此与一些艺术价值很高的好壶失之交臂。同时，"三点一线"也是一个买壶和玩壶人的执念。精确的"三点一线"从材料学角度以及工艺的角度而言，都是一件很难做到的事情。只要这把壶还有哪怕一点点

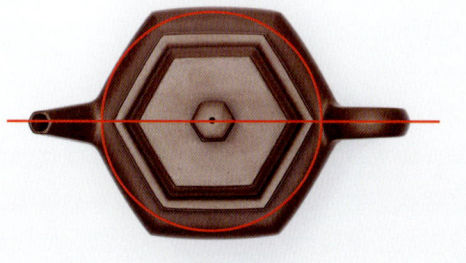

三点一线

手工的成分在，那么，"接流把"的事儿就还是得人来完成，只要这个工序中有人的介入，"三点一线"就只能是一个"估摸着来"的模糊标准。

除了人的因素，一把壶在入窑前如果真的已经做到了技术上的"三点一线"，但在烧成的过程中，也还是会有太多非人为的因素去破坏这个"三点一线"。比如烧茶壶最常使用的推板窑和电窑，窑中的温度会因为其窑中的各个位置的不同而不同，来自各个方位的温度因为远近的关系而不同，紫砂壶在烧制过程中各个面的受热只要不甚均匀都会造成流把的偏斜。所以说，一把紫砂壶"三点不一线"是常态，"三点一线"是运气。你这一瞄，又是250元加上去，谁让你不懂的，现在1000元的壶已然1500元了。

行为三：摸接缝线

这个确实是相对来说最粗浅的全手工判别标志，因为这个标准最容易实现。但同时，这个标准也最容易被模仿。紫砂壶因器型不同，制作手法迥异，无法穷尽。但这条接缝线因为有太多人关注，并且也有太多人误解，所以这里要仔细地说一下。

首先，这条接缝线一般是针对身筒为圆形或者腰圆型的紫砂壶上（未必只是光素器，许多花器身筒的基础也是光素器中的圆器）。所以，其他类型的壶也就不必苛求，尤其是造型奇巧的那些雕塑型花器，其身筒原本就属奇形，故各种成型方式都有，根本无法归类。

其次，这条接缝线一般都出现在身筒连接壶把的这一面上，也有少数是把接缝线安排在身筒接壶流的位置的，但无论如何，这样做的目的是为了可以尽可能地利用壶流或壶把遮掩掉一部紫砂壶身筒分接缝处可能留存的手工处理痕迹，当然，优秀的制作者通过严谨的表面处理，从壶的外观上是很难看到明显的接缝痕迹的。

第三，因为这条接缝线是真正的全手工圆器围身筒产生的双层泥片叠加，这个叠加产生的泥层厚度是完全可以用工具整理掉的。但是因为众多买壶人想看到这条线，所以做壶的匠人就留给你们看了。

最后，不一定是全手工成型才能有这样一条接缝线，因为这条线就是手摸上去的一条凸起，如果其他成型方式不能天然形成这条接缝线，难道就不能人为地为你加上一条凸起吗？这是我们为什么说这个标准是最容易被模仿（伪造）的原因。其实，很早以前，这种在后期手工加上接缝线的仿全手工紫砂壶，就已经大行其道，只是行业中无人会愿意提及这样的一个猫腻。

那么怎么才能判断这条接缝线的真假呢？有一个很小的技巧，但这个也只能保证七成的概率能辨别出这条线是不是后加的，就是你可以用指甲横向地去"扒拉"这条线，如果你觉得自己的指甲可以顺利越过这条横线，那么这条接缝线有很大概率是真的。如果你的指甲直接被这条线"卡住"，感觉再用力指甲要被掰折了，那这条比较"生硬"的线就有很大概率是后天加上去的。但前提是，匠人如果铁了心想伪装一把大家认为的全手工壶的话，那么他完全可以"认真"地去加这条线，因为要把这条线处理得非常平滑自然，对一个娴熟的匠人来说绝非难事。

既然这是一把需要模仿全手工的紫砂壶，那么这把壶的整个制作方向也不会往精品去。毕竟全手工和半手工的制作成本差异巨大，而大部分需要这条线的紫砂玩家，只是希望用低于全手工的价格买到"全手工壶"的人，所以这条线还是有市场的需要。反正你摸了这条线，不管摸没摸着，也不管摸着的是真是假，你这把壶至少涨了好几百元了。

行为四：看内壁章

如果不出意外，这时的你接下去要找的就是紫砂壶的内壁章了。这里有必要详说内壁章，因为这是一个必须帮大家避开的坑。

首先，真正的大师不会敲这个内壁章。涵盖了顾景舟艺术生涯各个时期的真迹，从没有在任何一个壶内有过所谓的内壁章。除了泰斗顾景舟，其他各个时期名家的作品，也见不到这样的内壁章。

可以说，敲内壁章有些"不合紫砂的老规矩"。大家开始关注内壁章，是这些年来紫砂行业内的新现象。但这个新事物却成了确定是否是全手工壶的一个重要标准。

其实内壁章完全不能证明一件紫砂作品的全手工与否，因为这个章是可以在紫砂壶烧造之前的任何一个制作步骤中加入的。比如，在制作初期拍打泥条的过程中就可以加盖内壁章，这通常出现在真正全手工制作的情况下，如果是借助模型制作的紫砂壶，此时加盖内壁章就毫无意义，因为之后有一

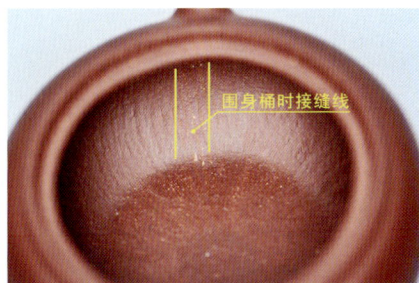
接缝线

内壁章

个叫作"挡坯"的过程，做身桶的泥条会因为受力挤压而把之前加盖的内壁章抹掉。这里提到的"挡坯"，特指泥坯被置入模具后，用手或专门的工具推压或滚压磨具内部的泥坯，以使泥坯与模具充分贴合成型，这个施加压力的动作其实是大家所说的"半手工"成型中最关键的一个动作，因为这个简单的机械动作完全替代了对成型技巧要求超高的"拍打身筒"的动作，从而让许多尚未掌握全手工成型技巧的匠人也能够加入紫砂的生产中去。

但是，正经做全手工壶的作者，是绝不会在壶的内壁敲这个几乎表明了"商品壶"身份的内壁章的。可以说内壁章完全是因为市场对全手工壶的刻意追求而产生的。这个内壁章和之前提到的接缝线一样，已经成为了被制壶者和贩壶者利用的工具。因此，那些有内壁章的壶反倒是有大概率不是全手工的。

其次，所谓半手工的紫砂壶因为"挡坯"的缘故，必须在借助模具完成主体身筒成型之后才能加盖印章。那么一枚硬邦邦的印章又是怎么钻进壶里，并且盖出这个内壁章的呢？其实这就是一片刻有作者章款的橡胶，工匠只要把手指顶着这片橡胶，往紫砂壶身筒的内壁按下去就大功告成了。石头的图章拐不了弯，但最灵活的人类手指完成这个动作还是绰绰有余的，而且橡皮图章还能很好地贴合紫砂壶内壁的曲度。那么是不是用了橡皮图章，就能蒙混过关，万无一失了呢？这恰恰就是最容易露出马脚的地方，你只要发现这个内壁章非常清晰，且没有发生"桶型形变"，那么就基本可以断定这是一个后加盖的内壁章，这把壶也就是一个"仿全手工"的壶。

如果是全手工制作的紫砂壶，这个内壁章在拍打泥条的工序中已经加盖，在随后的只有全手工才会有的拍打身筒过程中，这个内壁章应该会因为泥条的拉伸而变形，并且因为拍打的挤压力而多少显得模糊。但用橡皮图章后盖的内壁章则全然不可能出现这两个特征。

另外还有"空手"和"借助"，这两个词才是在宜兴当地对紫砂成型比较专业的说法。"宜兴手工紫砂陶技艺是指分布于江苏省宜兴市丁蜀镇的一种民间传统制陶技艺。该工艺产生于宋元，成熟于明代，迄今已有 600 年以上的历史。紫砂陶制作技艺举世无双，它以特产于宜兴的一种具有特殊团粒结构和双重气孔结构的紫砂泥料（具体有紫泥、朱泥、本山绿泥等多种）为原料，采用百种以上的自制工具，经过打泥片、拍打身筒（圆器）、镶接身筒（方器）或镶接与雕塑结合（花器）、表面修光、陶刻装饰等步骤最终完成陶制品。"这是2006 年第一批中国非物质文化遗产名录中官方对紫砂壶工艺的定义，这个定义中非但没有出现"全手工"三个字，而且还出现了 "采用百种以上的自制工具"甚至是"模印"这样的字眼。

通常而言，一个正经做壶的紫砂匠人，很少会同时拥有上百种自制工具，因为绝大多数紫砂壶制作的基础工具，仅仅是几件，最多就是十几件。除了这些几乎制作所有紫砂壶都需要的基础工具之外，其余的都是针对各种壶型的"专属工具"，而这些"专属工具"和大家心目中的"模具"之间多少存在交集，是无法分清的，从来没有一个官方的分类列出过哪一些属于"工具"，哪一些属于"模具"。

还有一种工具叫"模印"，这里的模印和我们所说的"模型"其实不是一个概念。模印的使用是局部的，为了装饰的，而大家认识中的"模型"是整体的，为了成型的。模印经常使用在紫砂花货中，比如制作竹叶、梅花的模印，几乎所有的紫砂工具商店里都能买到，这个显然在宜兴当地就是一件"工具"。

真正的紫砂"全手工与半手工"的分类，在宜兴当地其实很简单，就是用最简单的基础工具手工成型。这种方式叫作"空手"。这是宜兴当地人心目中最接近紫砂玩家认知中的"全手工"。空手的紫砂非遗官方定义就是"采用百种以上的自制工具，经过打泥片、拍打身筒（圆器）、镶接身筒（方器）或镶接与雕塑结合（花器）、表面修光、陶刻装饰等步骤最终完成陶制品"。

由此可见，工具的作用只是"规范了大小"和"框定了大样"，细节功夫都在其之后。所以除了"空手"之外的成型方式，都叫"借助"。

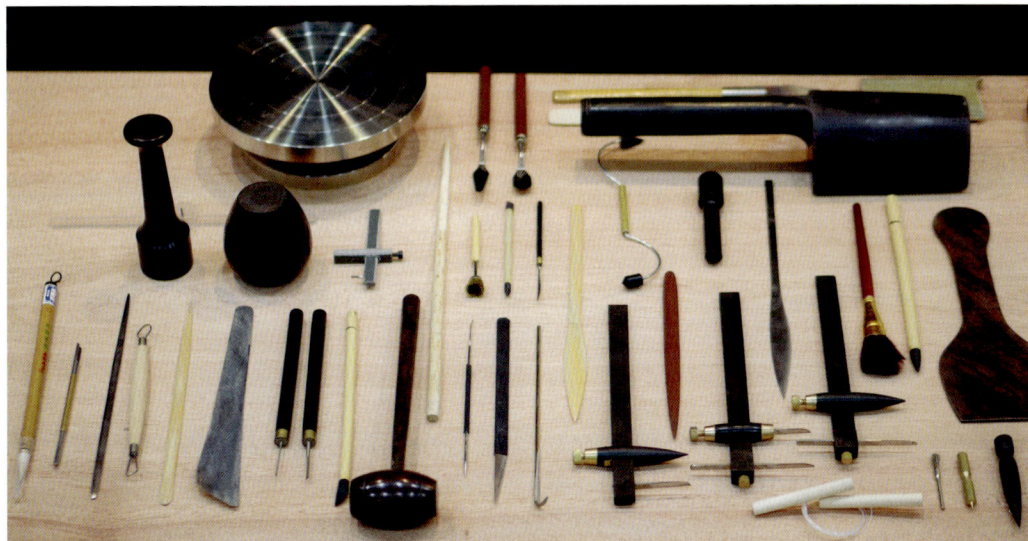

制壶主要工具大全

紫砂壶制作流程：

①切泥条　②打泥条　③裁身筒　④预备满片　⑤围片　⑥围身筒　⑦拍身筒　⑧拍身筒收口　⑨添加脂泥
⑩上满片装壶颈　⑪装壶颈　⑫调整壶颈位　⑬再上脂泥装压片　⑭再上脂泥装压片　⑮观察身筒比例

⑯做壶流　⑰壶身挖孔　⑱接壶流　⑲装壶把　⑳接壶把　㉑添加脂泥完成壶流过渡　㉒添加脂泥完成壶把过渡
㉓光明针　㉔开气孔　㉕开满片　㉖揭满片　㉗打底款　㉘装盖基本完工　㉙完工

其中流和把的"初步接装"原则是"宁多不少"。因为接装的地方如果脂泥不足，就有可能出现气隙，这些都是烧造时可能出问题的地方。

把流、把连接处的脂泥刮干净，然后用泥料把流把连接处填补顺滑。流把的连接有"明接"和"暗接"，过渡的平顺与否、线条的流畅程度，都是吃功夫的地方，可以说，这是身筒成型之外做壶人最难自我突破的部分。牛角做成的刮片叫作"明针"，是抛光身筒和做身筒最后微调的工具。还有用竹片做的"篦子"和"篦身筒"。

但是我们也同样可以从上述定义中看出端倪："空手"基本只针对身筒成型，其他装饰构件的制作中所采用的各种"模具"，在行业中被认为是针对这把壶的专属"工具"，因为几乎所有装饰构件在借助成型之后都要经过大量的后续"整理"。所以使用了这些工具制成的壶，未必就是大家心目中的那个全手工壶。

古人云："工欲善其事，必先利其器。"一件最终成功且精彩的紫砂作品，制作时需要很多工具来协助成型、加工，直至完成。

搭子

尖刀

从紫砂非遗的概念中可知，紫砂壶成型工具种类繁多。事实上，紫砂制作工具的本身也是紫砂工艺的产物，它不但讲究实用，许多优秀的匠人还讲究工具本身的质地及美观。比如紫砂泰斗顾景舟就非常重视工具的制作，他的作品所使用的工具从不假手他人，而且都非常精美。制作紫砂壶的工具，经历代制壶艺人的不断摸索，已形成体系。数量上，大小不同的种类有几百种之多，质地有金属、木、竹、牛角、皮革、塑料、石膏、树脂等多种材料。

搭子，成型中的主要工具，用于捶打泥片、泥条等。搭子质地主要有榉木、檀木、枣木等。

尖刀，种类较多，有铁尖刀、竹尖刀、通嘴尖刀、弯尖刀等，主要用于琢嘴、把、琢、转足、革小平面的一种常用工具。

鳑鲏刀，成型中使用最广的工具，在制作过程中，

鳑鲏刀

拍子

用此刀进行切、削、钎、挑、挟、挖、刮、压等动作，从开始到结束都要多次使用。质地为金属。

拍子，主要用于打身筒、拍片子、拍口以及整理身筒。材料以红木最佳，枣木、柏木、榉木亦可。拍子形为两边对称，拍面平整，拍面略薄、拍柄略厚，由薄到厚自然变化，拍子边缘呈腰圆形。拍子大小有多种，拍形基本上按大拍子形缩小，拍柄一般长度不变。

规车

规车，专门用于划片子、开壶口。型号有多种，质地一般为竹、木。规车钉为金属，销钉为竹质或是木质。

线梗，用于勒光各种装饰线条的工具。质地有牛角、金属、竹、木、塑料等，种类繁多。因线形不同，部位不同，故每种线形都需一专门线梗。

线梗

"线梗"是每一个壶型都独有配套的，角度转折就靠这个，这种小工具的角度准确与否直接决定了这把壶的细节成败，一般都是制壶者自己的"独门"工具。

明针，用于紫砂壶成型后表面的精加工，种类繁多，宽窄不一，有身筒明针、弯明针、筋瓢明针等，质地为牛角。

泥扦尺，用来起泥条和起大片子，选节距较长的竹片做成，从柄到头要逐渐薄下去，且慢慢狭窄，背面平正，有一面呈口状。

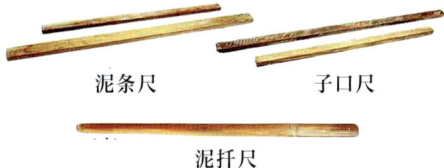

泥条尺　　　　子口尺

泥扦尺

勒只，用来勒光口颈、底足与身筒交接处的工具，材料有牛角、竹、木、金属等。它可从不同的角度、弧度来加工形状。

明针

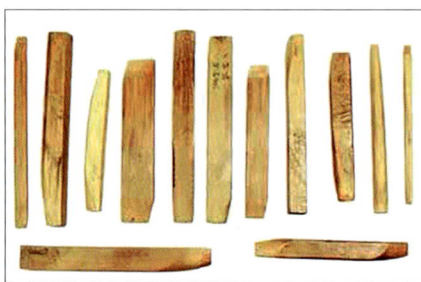

勒只

复只

篦子

竹拍子

挖嘴刀

独个

复只，用于复脂泥。一般是用 2-3 毫米厚的竹片或明针做成。复只的角度要比实际造型的角度大一点，留有加工的余地。

篦子，用于整形，质地为竹筒片或木板，可以根据不同形态壶艺的外轮廓（抛物面）来加工不同弧度的篦子，使其基本形与壶外形相和。篦子种类较多，不同的外轮廓需要不同的篦子。

竹拍子，有大、中、小之分，平头及尖头拍子等几种。大、中型拍子用来拍身筒、做方壶用，小拍子用于推身筒接头，推墙刮底，做嘴、把等。

挖嘴刀，用于挖嘴孔，有一定的弯度，头尖，一面有刀口。

筒管，用来钻各种大小洞眼，其大小不一。

独个，用于做圆眼、圆嘴的工具，质地有竹、牛角、象牙、硬质木料等。独个一般有两种，一种是一头尖一头平，另一种是两头尖，但尖头粗细不同。

水笔帚，用布扎成的用于带水的传统小工具，现在多用毛笔代替。

除上述工具外，尚有泥凳（工作台）、顶柱（打印章用）、木榔头、盖座（加工盖子用，一套盖座有大小不同多种，有方圆之分）、辘轳（还有打母模用的电动辘轳）、木转盘、喷水壶、车刀、完底石、圆口陀、矩底、水磨布、皮磨布、纯棉布，等等。

紫砂大师们怎么看待全手工和半手工

以下内容摘录自 2005 年文物出版社出版的《紫砂大师访谈录》，这是南京大学文化与自然遗产研究所协同宜兴市文化局和宜兴市陶瓷行业协会出版的一本非常有史料价值的书。其中内容都是大师口述的实录。

蒋蓉

第 7 页摘录：

问：您如何看待做壶中使用模具？

答：我父亲那辈做壶，有些难做的壶也是要借助于一些模具的。不能说用了模具就不是手工，在判断是否传统手工的问题上，我是这样看的：如果做紫砂的人只是在某些局部造型上使用模具辅助造型，而不是用模具成型来代替传统的紫砂手工工艺，就应该看作是传统的紫砂手工工艺。另外，紫砂是一种工艺，既要讲"工"，讲技能、技术，也要讲艺术、艺能。

分析：这里我们可以清楚地看到，根据蒋蓉大师所提及的她父亲那辈的情况，至少在清末就已经有大量的模具以辅助造型了，而且大师明确地表示了只要是"局部辅助"而不是"代替传统"，都应该被归入传统的紫砂手工工艺。

长寿碧桃壶 蒋蓉

徐汉棠

第 24 页摘录：

问：听人说，您早年用石膏模做过紫砂，这是不是有违于紫砂传统工艺的要求？这其中究竟是怎么一回事？

答：宜兴紫砂界在 1958 年从"惠山泥人"那里学习到石膏模的技术，用在紫砂上，这是指普遍的。其实石膏模在解放前我舅舅就教过我翻了，翻的小壶。那时候还没有现成的原料，

掇只壶 徐汉棠

买了生石膏，回到家倒在锅里放在煤炉上炒，炒到一定的程度再自己做。后来因为紫砂没什么生意，就停了。

到 1956 年，北京中央工艺美术学院来了一个叫高庄的老师，带了一个手拉的舻，用来做母模的，开始做石膏模，我就在边上看着他做。他看我有心学习，临走的时候就把镶护和一把锉刀、一把小车刀送给我了。我那个时候正好在做小水平壶，手工做起来相当有难度的，因为是专门用来喝"功夫茶"的，要求很高，一天只能做七八个。那个时候工资还是计件的，一天做 10 个也只有一块（元）四毛（角）五啊！我想还不如先做个模子，这是我用石膏模做的第一个品种，时间是 1957 年。

开始的时候不能让师傅知道，都在晚上做。第一天、第二天师傅还不知道，四五天之后发觉了。怎么回事呢？用石膏模做比较快，身筒在模子里一摊就成了，平时一天做七八个，现在可以做 12 个了。他（顾景舟）来的时候，我已经把 12 个身筒做好了摆在一边，他一看，每个尺寸都一样的，师傅就很惊讶，说："你怎么手脚这么快？"再细细一看，他来气了，说："好啊，你偷懒了，是用模子做的。"下班之后，师傅就向我父亲说："汉棠学不好技术了，基本功还没学好就想偷懒。"这件事情还报告了当时的领导。

第二天，领导把我调走了，让我专门做制模技术，工资也不再计件了。后来还带班，1958 年的时候我最多带过 100 多个徒弟。1959 年我又被调到生产技术股，专搞技术革新，用铁模子做盖子，比石膏模还快，如水平壶用石膏挡坯，日产量从十几把增加到三四十把，除石膏模挡坯外还做过注浆铁模盖等。

问：如果这样下去，传统的紫砂工艺就要失传了，您也不会有今天的成就了。

答：是啊，时间长了，我自己也觉得用模子做壶不能搞一辈子。所以，1960 年成立紫砂研究所，我就马上向领导打报告，要求进研究所，重新跟师傅学全手工，做高档产品。我有技术基础，提高得很快。当时用石膏模型只是对紫砂的批量生产有利，但没什么技术含量。我要带个徒弟用模子做壶，一个月他就可以把东西拿出来卖钱了，这就是速成，不代表紫砂传统的工艺，而要练出一手过硬的手工活，没有十年八年苦功夫不成，所以我后来又回到原来的路上，苦练手工做壶。

分析：作为顾景舟的大徒弟，徐汉棠有着特别实际的从经济角度看待模具使用的观点，并且从他个人经历现身说法。但我们注意到"用石膏模做比较快，身筒在模子里一摊就成了，平时一天做七八个，现在可以做 12 个了"，这句话说明使用模型确实大大降低了制作难度。但是其效率的提高也并不是想象中的从 1 到 10 这样量级层面的概念，而只是从 8 到 12 之间50% 左右的增加。当然依照徐汉棠大师的操守，在借助模具成型之后，其一定也是花费了大量的功夫去"理坯"的，否则顾景舟也不会一眼之下没能分辨出来。

同时这个年份，还有一件事情，几乎是所有被采访的大师的共同记忆。那就是灌浆成型与灌浆壶。

汪寅仙
第 112 页摘录：
问：现在的紫砂茶具除了全手工和使用模具两种方法以外，还有灌浆成型的方法，我们听说您在 20 世纪 50 年代末就参与尝试过灌浆法？

答：那是在 1959 年以后，我已毕业，又当了一段时间小老师，后来厂里调我去搞技术革新。当时有一个上海大学生和原紫砂厂的高永君在做灌浆的试验，把好多优秀的作品投入生产试制，规模发展得较大。这期间有个负责试验的同志身体不好，就让我接他的班，后来就负责这件事。

问：那次试验的结果怎样呢？

答：我认为是失败的。

问：您总结失败的原因是什么？

答：因为紫砂的泥料与瓷泥是不同的，一般的泥料加入电解质就能增加流动性，但是紫砂泥加入（电解质）后不但没有增加流动性，反而胀干了。但是又不能加过多的水稀释，要不然轻的泥浮上来，重的泥沉下去，泥料会分层，而且加了水，收缩率变大，入窑烧的时候容易变形或开裂。紫砂器成型工艺试用"灌浆法"是失败的，所以我就让这个试验在我手里结束掉了。

问：照您的意思，真正的紫砂泥是不适宜使用灌浆法制做器物的，那您怎么看待现在在市场上出现的灌浆"紫砂"产品的呢？

答：紫砂土材料如果要用"灌浆"成型，必须在原料中掺入其他的东西，否则没有办法成功，现在凡是"灌浆"的所谓紫砂产品，泥料方面一定已经被改变了，那些产品已经不属于真正意义上的紫砂器了。

然后，让我们再看另一位更加接近供销业务的中国工艺美术大师李昌鸿的访谈，这里的访谈内容摘自同一本书的 126 页。

李昌鸿

用"模子"和用"模具"可是不同的两个概念。紫砂的模子只是用在制作某一个部件，如壶盖，但壶钮、壶身等其他部分还是要用全手工制作，模子在制作过程中跟其他工具一样只起辅助作用。其实，这种所谓的"模子"就是手工制陶中的一种特殊工具而已，它没改变紫砂陶艺的传统。而用模具进行灌浆制器则完全不同，它省略了所有的手工过程，而且在某种程度上说，它所用的浆料也已经不是紫砂矿料了，材料的结构完全不同。讲白一点，灌浆是用做好的模型一次成型，无须手工制作。因此这种灌浆产品严重地毁坏和扰乱了宜兴正常的紫砂市场，造成了极坏的影响。这也是后来激发我参与制定《中华人民共和国国家标准紫砂陶器》的动力所在。用模具灌浆是在建厂后，即约 20 世纪六七十年代时，为了解决紫砂产品大批量生产的问题,先由紫砂厂开始研究紫砂原料是否能用灌浆法成器,当时汪寅仙同志还参与了这项工作,但是最后实验下来,证明紫砂矿土无法用灌浆法成型,故而停止了这项研究。但很快外面又有人继续了这项研究,用普通陶土加进了长石、石英及高岭土之类的原料,它改变了紫砂泥的性质,从而可以采用"灌浆成型"的技法。从发展过程来看,灌浆成型工艺绝对不属于传统的紫砂工艺范畴。

问:通过您的讲述,我们已经对传统的宜兴紫砂陶工艺有了一个比较清晰的概念,也清楚地知道了灌浆"紫砂"陶器的概念。面对后来市场上出现的大批价格异常便宜(有时只要三五块钱就可以买到一把紫砂壶)的灌浆"紫砂"陶的冲击,您作为宜兴紫砂工艺厂的厂长是怎样应对的?在此过程中您又是怎样坚持保存和发展传统紫砂成型工艺的?

应对的方针:一是制定紫砂工艺陶的国家标准,把紫砂工艺陶与实用紫砂品的层次区分开来,明确规定紫砂陶的紫砂矿土的含量,把市场上那些已经改变了紫砂泥料性质的陶器与紫砂区分开来,如红色的陶器则称为红陶,而不能称紫砂,借此提升实用紫砂陶的质量,避免市场上的混乱。

这两位亲自经历了紫砂灌浆成型初试期的大师非常明确地告诉我们,灌浆成型不是传统的紫砂器成型方式,态度是坚决地"摒弃"而不是"扬弃",两位大师都认为灌浆制成的紫砂壶已经从根本上不属于紫砂器。

试想原本紫砂熟泥在未制作紫砂壶之前是固态,而用以灌浆成型的所谓的"泥料",从"灌浆"两个字就已经很明白了,是液态的"浆",是需要"灌"的。那么除了固态的泥料之外,

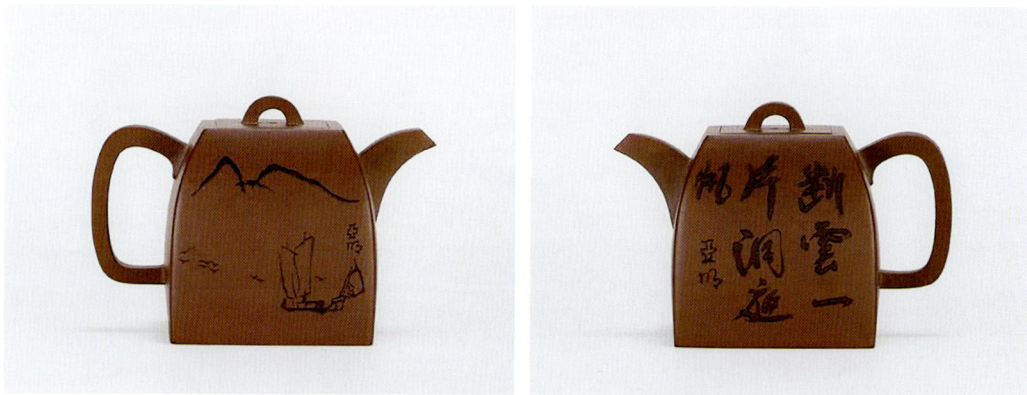

铜砣四方壶 李昌鸿(制) 亚明(书)

其余的液体里都会是什么呢？对灌浆壶只有一个态度：不认、不买、不用。

如何辨别灌浆壶

灌浆壶是泥巴和化工颜料一起烧制而成的，生产快、成本低，是市面上最常见的紫砂壶作假手段，长期使用对人体健康有危害。

灌浆壶模具

众所周知，紫砂壶价值得到的认可越来越多，因此紫砂壶收藏市场也越来越热闹了。在这个物欲横流的环境中，大量的紫砂壶赝品充斥着，这些都是不良商贩为了牟取暴利而无所不用其极的手段。灌浆壶就是很常见的一种假冒紫砂壶的品种，那么，如何一眼鉴别灌浆壶呢？

通常紫砂壶的表面非常光滑，而灌浆成型

灌浆壶面部

灌浆壶

的目数非常细，所以没有一般的砂感。另外壶内壁各部件衔接处都有凹陷。灌浆法成型的壶是泥浆流动，所以烧制后外壁凸处，内壁必有凹陷，底部非常光洁，没有手工成型的推墙刮底痕迹。其成品外观光泽透润，呈玻璃相，有一种很像塑料的感觉。泥浆成型需要加入玻璃水，所以其声音清脆，类似玻璃，断面无颗粒，撞击声音很尖锐。同时其价格一般比较低廉，因为灌浆的制作成本比较低，所以这类壶的售价一般也不会高，售价通常在几十块左右。

机车成型和机车壶

最近几年，除了"全手工和半手工"，还有一个常见的问题就是"这个壶是机制的吗？"这个问题有一个隐含的情境就是有一种机器，只要在这个机器的一头塞进去一块泥料，或者灌入一坛紫砂泥浆，然后由一个工人在这台神奇的机器的"系统"上选择一个需要的壶型，按动按钮，随着多余的紫砂废料从排污口排除，这个机器的另外一端便出现了一把已经基本完工的紫砂壶，整个过程只用几分钟，随后第二把、第三把、第四把……反正你只管往"加料口"放入足够的紫砂泥料，另外一端的"出壶口"工人只要把紫砂壶码好入窑，就会有源源不断的成品紫砂壶 被"制造"出来。

以上的这种机器以前没存在过，随着科技的发展，将来会不会出现不好说，但是按照现有紫砂壶通常的制作方式和流程来说，短期内出现这种机器的可能性几乎为零。就算是上文提到的灌浆壶也得有后续大量的"整理"工作，才能让这个灌浆成型的壶以一个还能说得过去的样子呈现在大家面前。而这些"整理"工作至今也不可能彻底摆脱人工的介入。

至今为止的这些已经存在的非人工成型的方式，无非还是在成型速度上的"弯道超车"，根本没有到"平地起飞"彻底突破人工瓶颈的程度。所以，无论何种方式的成型，都还有人的干预。那么"机器制壶"的这种说法真的只是"外行人"的臆想吗？那倒还真不是。如果有人把"这壶是机器制的吗？"改成"这壶是机车制的吗？"事情就完全不同了。仅仅一字之差，但提出这个问题的人多半是对紫砂壶行业非常了解的人。机制壶如果硬要说存在，它们的正式称谓就应该是"机车壶"。请务必不要带着揭秘的心态，更不要带着过多的偏见去看待它，通常机车壶一般只能出现在紫砂光素器的圆器中，且对紫砂光素器的圆器器型有较高要求。

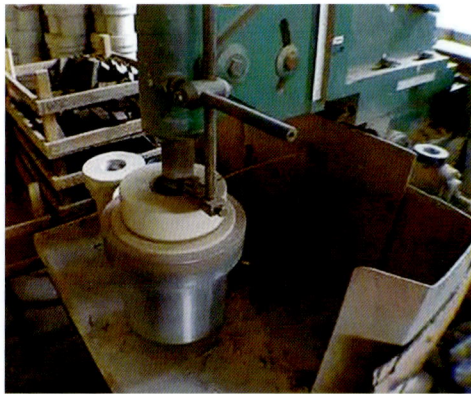

机车壶车间

机车壶的成型具有上述的限制是非常好理解的，因为机车成型的实质原理非常简单。从机车壶这个名词中的这个"车"字，我们就能大抵想象出这个成型方式的过程，就是利用一把车刀将一个高速旋转的泥坨掏空。在旋转的情况下，花器和方器显然就被物理地排除在外了。既然要往泥坨里下刀掏泥料，那么这个光素器圆器就不能是那种小口凸肚的壶型，否则伸进泥坨的车刀要么"掏不干净"，要么"掏不出来"，这就最终限制了可以机车制作的器型种类。不过随着这种成型工艺的不断普及和完善，前些年无法机车成型的许多壶型也可以使用机车了。还有和机车成型类似的滚压技术，部分简单的方器以及筋纹器已经可以使用该技术成型，这一系列的成型方式的发展可谓一日千里。真的无法想象再过十年，一切会发展成什么样子。

目前的机车壶制作有以下几个重要特征。

第一，作为壶身主体的身筒因为由机车成型，所以生产效率极高，身筒成型阶段速度甚至比灌浆壶的成型还要快。灌浆工艺受制于主体材质的液态化，其干坯时间远远长于正常成型的紫砂壶，而机车成型所用泥料的状态和传统意义上的手工成型或者半手工成型的泥料无异，因此成型阶段的高效率未被最后干坯阶段所拖累。

第二，因为虽然身筒由机车成型，但同样需要借助专门的磨具，所以机车壶一般都有较好的壶型准确率，只要操作成型的工匠具有不错的眼光，能够把一个需要机车成型的壶型拿捏得当，并且能够将这个拿捏准确的壶型表达到机车阶段所需要借助的成型磨具上，就能非常精确且高效地"车"出非常到位的紫砂壶身筒，这应该就是这种成型模式最大的优势。

第三，具有比模型借助成型（即所谓半手工）后期处理更好的物理基础。这个特性的意思是指紫砂壶的身筒由机车成型之后，工人能够在身筒上进行更简单的后期处理。机车成型的壶身表面就要比所谓半手工的壶型更好加工，因为泥坨在放入机车模型中时，其外表相对半手工成型的泥料表面更为紧致，车刀在掏空壶身内部的时候也产生了很高的里外相互按压力，从而不至于造成身筒表面离开磨具的时候有太多因为张力而被撑开的裂隙，而半手工壶的表面裂隙就会相对较多，对工匠而言的后续加工就增加了相当的难度。

基于以上特点，但凡在实际生产中经过"高手"调教之后生产出来的机车紫砂壶的身筒，都有非常高的完成度，如果再由训练有素的工匠在身筒上做必要的处理，该壶完全可以达到最高的全手工壶的模拟程度，即使是业内人士，若不是上手仔细验查，也是很难辨别的。

既然传统的磨具辅助成型方式的存在已经被大部分人接受，那么机车成型的存在，也许就不该被太多地批评，因为两者在许多点上的本质是相似的。比如最重要的作用都是为了加快紫砂壶身筒速度成型，目的也都是为了成型的准确和效率的提高。

再则，成型之后的表面明针打磨、接流把的定位和连接等，都需要大量的人工介入，无论是全手工、半手工还是机车成型，其手工程度是基本一致的，并且非常考验一个紫砂壶匠人的手工能力。

同时，机车壶在制作工程中，因为完全没有改变紫砂原料的形态和性质，没有对泥料进行添加或者人为干预，这就保证了一把紫砂壶本身最重要的材质纯正、优秀的属性，由此，适茶性好的紫砂特点被完整地保留了下来。这样成型的紫砂壶在烧造好之后，与一把传统方式成型的紫砂壶在使用过程中是没有任何区别的。

当然，一定要杜绝以机车壶冒充传统手工成型的紫砂壶的虚假销售行为。其实，所有机车壶应该有一个统一的"行业标识"，在生产过程中就将这种标识体现在壶身的某个部位，标明其机车成型的身份，并且这种标识需要通过宣传告知所有消费者。如果机车紫砂壶，能被纳入紫砂壶的国家标准，制定严格的规范，保证其泥料、烧成质量等方面都能达到甚至超过其他成型方式制作的紫砂壶，那就更好了。让玩家自己去判断，一把机车成型的紫砂壶，自己是不是会花钱去购买，愿意花多少钱去购买。

如何辨别机车壶

虽说经过精心处理的机车壶难以辨别，但一般而言，机车壶因采用了完全不同的工艺流程，必然会有不同的工艺痕迹。

第一，收刀痕迹。

需要指出的是，机车壶在本书成书时已进化到了第二代。第一代机车壶是通过车刀挤压成型的，而二代机车壶是通过辊压剪切成型的。所以一代机车壶必然会留下收刀痕迹，而二代机车壶则没有这个痕迹。

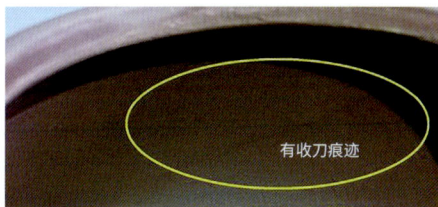

一代机车壶收刀痕迹

一代机车壶留下这个收刀痕迹，大都肉眼可见，也可以通过触摸感知（用手用力按压这个部位）。虽然有些考究的机车壶会用推墙刮底等方法来掩盖这一点。但是如果不花足心思，只要仔细用手去摸，还是可以感觉得到。

二代机车壶无收刀痕迹

第二，壶底起皱。

壶底起皱是二代机车壶留下的一个特征点，因为二代机车壶是辊压剪切成型的。二代机车壶在制作的时候，它的辊压头是高速旋转的。所以在壶体成型以后，辊压头会有向上抬拉这么一个机械动作。这个时候，机车壶的壶底在应力效应下会产生一个向上的拉力。我们把壶翻过来看，它的壶底会起皱，而且泥料越细、壶底越大，那么起皱就愈发明显，这个特征点就更加易于观察和辨识。

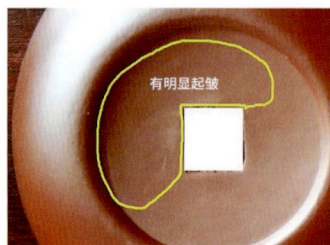

壶底起皱

第三，模具线。

半手工壶和机车壶一样，一般都需要用到石膏模具，但是制作半手工壶使用石膏模具，只会在模具外套上一个箍，它的模具跟模具之间的缝隙是相对较宽的，所以用手搪完以后，半手工壶体上所留下的模具线，通常是较宽和较扁的。但是机车壶，不论壶体大小如何，它的模型大小是一致的。因为它必须要放入机器的底座，所以这个大小必须一致。而且模型跟模型之间的缝隙是很小的，所以机车壶留下的模具线通常也较细、较窄，这跟半手工壶留下的模具线还是有比较大的差异的。

模具接头对比

第四，卡盖壶口内沿的下方。

压盖跟截盖对于半手壶和机车壶而言，都是一副三瓣模。但是到了卡盖，机车壶依旧是一副三瓣模，而半手则是一副四瓣模或者五瓣模。所以机车壶的壶口内沿下方十分光滑，是没有任何工具加工的痕迹。而半手壶的制作，需要在壶口内沿下方填上煨泥，然后用工具加工，所以在壶口内沿下方会留下十分明显的工具加工痕迹，而这一点也是机车壶所没有的。

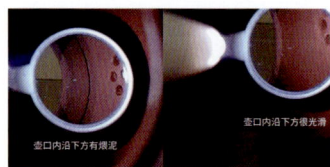

半手工壶机车壶壶口对比

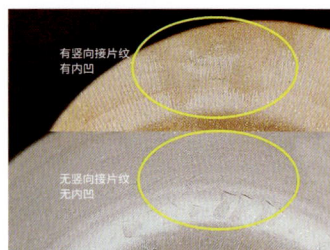

半手工壶机车壶内壁对比

第五，竖向接片纹及其内凹。

机车壶因为是机车一体成型，所以内壁十分光滑的，也没有竖向接片纹内凹。但是半手工壶和全手工壶都需要先打成一个泥片，然后把它围起来，斜切，涂上脂泥，黏合，然后全手壶拍身筒，半手壶放入模具，分别用手和工具去搪成型的。所以不管全手工还是半手工都一定会留下竖向接片纹。但是机车壶也会用工具进行推墙刮底，所以这个辨识点有的时候并

半手工壶也需要围身筒

半手工壶砂感突出表面

机车壶表砂感趋于平面

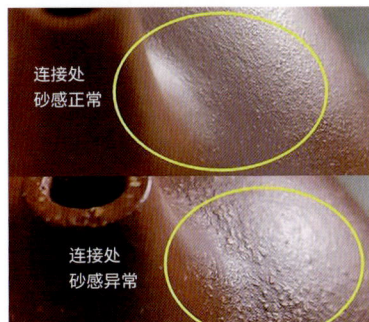
连接处砂感正常

连接处砂感异常

半手工壶机车壶壶嘴连接处对比

不是特别明显。但如果用手去触摸感知，还是会有一个明显的内凹。

第六，调砂机车壶的表面区别。

调砂机车壶的泥门是比较难以辨识的，它不像普通机车壶的表面区别那么直观。因为它的泥料调入了沙粒，所以在机车环境下，它的泥排序是不一样的。而普通半手工调砂壶，虽然壶体表面经过了竹篦和明针，但在生坯的时候壶体表面非常光滑，在放进窑内高温烧制的时候，因为泥料的收缩比砂的收缩大，所以砂粒会突出于壶体的表面。而机车壶因为壶体是受高速旋转的离心力和机器的挤压最终成型的，所以成品壶上的砂粒和壶体表面是趋于一致的，两相对比会发现这个差异是十分巨大。通俗地讲，手工做出来的壶体表面的砂粒是浮在表面的，机器做出来的壶体表面泥砂才会结合得十分紧密。

第七，调砂机车壶壶嘴和壶体安装处有比较异常的砂感。

半手工壶的壶嘴是用模型或者人工制作的，壶体也是用模具和人工手搪出来的，所以它受的力相对比较浅。最后在黏结嘴把的时候会附上煨泥和脂泥，因为是用人工工具进行加工，所以它所受的力是一致的，同样它的整体砂感也是一致的。但是机车壶的壶体是挤压成型，壶嘴是灌浆成型，只有在黏结的时候，才会由人工用煨泥和脂泥去黏结，所以在嘴把的连接处，砂感的砂会远远突出表面，而不像壶体是趋于一致的。

紫砂壶的"全手工、半手工"说到这里就已经不能再多说什么了。希望这些内容换来的不是人们进一步视"非全手工壶"为畏途，也不必穷尽各种辨识手工程度为置壶的方式，而是能形成一种健康地看待各种成型方式的心态，以及在这个方面培养出自己对紫砂壶独立判断需求的能力。

藏之珍

一直以为只有当泥、型、工三个部分都已明了之后，谈紫砂壶收藏才有了现实的意义。或者说，此时买入的紫砂壶才能称得上收藏。

这里想先"戏说"一下自己认为的紫砂壶收藏的核心原则，那就是请务必按照选初恋情人的标准。为什么这样说呢？

这是因为你首先得发自内心、心无旁骛地喜欢这件紫砂作品，这种喜欢是一眼倾心的真爱，这就如同你当初一眼就看上初恋情人一样，目标单纯，要尽量减少"真爱"之外的其他干扰因素。只有这样，自己对这件紫砂作品的爱才能长久，也只有这样，才能在将来不再拥有的时候，长存岁月静好的愉悦记忆。千万不要在一开始就抛弃了收藏的"初心"，任何带着太多目的的收藏都会走偏，如同带着太多感情之外因素的婚姻。所以，紫砂收藏这件陶冶性灵的雅事，就该是尽可能地风花雪月、纯粹且浪漫。紫砂收藏如果无法为你带来长久的快乐，反而是更多的被人劝服、自我说服或者凑合着持有，那么这种收藏就不能算真正意义上的收藏。

紫砂收藏并无原生定理，也无人可以罗列四海皆准的金科玉律，这里只总结一些经验供各位参考。

先列举几个紫砂收藏中的"不要"。

第一，不要因为"贵"而去收藏。

是不是有过这样的经历：一把紫砂壶在你看第一眼的时候，根本没有什么动心或者惊艳的感觉，但当你得知它的价格之后，再回过头去看，你就会发现这件东西瞬间变得顺眼了。不可否认，市场价值确实是一个很重要的收藏指标，但以个人审美判断为喜好标准的收藏才是真正值得推荐的。相见不厌才能长久厮守，否则一件昂贵但并不喜欢的东西，将可能影响你对整个收藏门类的判断。

但是，无论承认或不承认，大多数人都难免囿于这一种被价格绑架的"错觉式"收藏。甚至会因为一件紫砂作品已有的价格高企，而反过来找出本来不存在的作品优点。我们时常会看到一个藏家在介绍自己的一件藏品的时候，只能拿出这件作品的以往拍卖价作为介绍的要点，至于其他的优点，藏家本人可能挖空心思想过很久，但始终未果，终究不是喜欢这个物件，而是站在这个物件背后的价格去号称自己热爱这件作品的，这就完全失去了收藏的意义。

第二，不要因为专家意见而发起收藏。

紫砂壶在审美层面没有真正的专家，所谓专家的个人喜好会影响审美，从而引起价值判断上的误导。这里要再次提醒各位，在紫砂这个艺术品门类中，有时候匠人在其紫砂作品中表达的审美经常不是自己的，而是由经销商主导的（少数能够以自己的审美来主导经销商的都必然是业内翘楚，比如顾景舟、何道洪等少数几位）。因此紫砂行业内由经销商出身的所谓专家提供的收藏经验，会因为非常明显的商业意图而使得真正的收藏价值大打折扣。即使是非经销商出身的来自藏家的专家，其个人收藏偏好也各不相同，应该说每个收藏者都有自己的审美局限。因此，对于紫砂壶的收藏而言，每一位独立专家的意见只能作最低程度的参考。要多与出自藏家的专家探讨交流，在自己真心喜欢的基础上，结合各方意见再开始下场收藏，这才是相对稳妥的方式。

第三，不要因为"稀缺"二字而去收藏。

先理解下面两句话，就能避开紫砂收藏的许多套路。真正"限量"的东西不会自己嚷嚷着说自己"限量"，"限量"和"稀缺"没有必然的联系。真正"稀缺"的东西不会总在你想有的时候就出现在你面前。至少在紫砂收藏领域，好东西才会稀缺，而一件紫砂作品一旦稀缺，就不需要再人为地去贴一个"限量"的标签了，因为你根本就买不到。所以，当一件号称"限量"的紫砂作品摆在你面前，并且有人反复地告诉你它的"限量"属性的时候，那么它在稀缺性方面的收藏价值其实就该被质疑了。

大亨掇只 黄鹏程

那么正确的获取并收藏到稀缺紫砂作品的窍门是什么呢？

那就是在确定自己真的喜欢这把紫砂壶后，尽可能地去找到接近其作者的出处，如果没有现货，则说明这件作品有很大的概率真的是稀缺的，然后再以尽量高比例的订金预订，这样你才能够尽早拿到这件作品。当这把预订的紫砂壶最终到你手中的时候，请务必回忆自己心目中那把壶应有的样子，如果确实有不能让自己满意的地方，尽管说出来，不必因为这是你预订的而不好意思，因为这是预订，而不是带有你个人属性的定制，所以完全可以提出这把壶暂时不拿，按照你自己提出的修改要求让老师再做一把。这样做有两点好处，其一，是你能确确实实拿到自己想要的东西；其二，也能让老师意识到你的较高要求，再制作的效果肯定会更好些，而且以后你再要收藏他的作品，他会格外上心。还有，大可不必担心你这把预定了但没拿的壶会成为老师或者经销商的负累。既然是稀缺的，那么自然也会有要求不那么高的藏家趋之若鹜，而你则为自己争取到了一件优于其他藏家的精品。

当然，你要的紫砂壶还是存在作者或者经销商手中有现货的情况的，这样的壶如果想下手，就一定要仔细检查，因为这很有可能就是和你一样的藏家挑剩下的，或者是出现了微瑕经过修补的。

最后，要提醒大家，许多看来"很少"或者是孤品的紫砂壶，根本不能说明它是因为优秀或者难做而变得稀有的，很有可能是作者对这件作品的效果非常失望，然后做一把就不再制作了。这样的壶收藏了也毫无意义。要大胆追求作者热门的东西，因为大家的眼睛是雪亮的，就算多出几件，在之后的流转中依然还是热门，不要刻意追求冷门。

第四，不要因为"传世"而去收藏。

"我这是为我的孙子留的"，这是紫砂壶藏家经常挂口头的一句话。请不要用自己的孙子给自己的兴趣或者物欲找借口。何况，你本人喜欢，你的后人未必喜欢，你有人脉和圈层可以将之变现，你的后人也许就没有。在你手里将紫砂壶玩好，玩开心，让这些紫砂壶为你带来快乐、自豪才是收藏的第一要务。至于传承，我们后面会讲，这是另外一回事儿了。

收藏，只是针对这一世的你而存在的。你收来，你藏好。子孙自有子孙福，何必连他们的收藏都得你来操心。何况，你的子孙若对紫砂毫无兴趣，那么，这些留给他们的好东西最后的结局也许会很令人唏嘘，你视若拱璧的珍品，在不了解紫砂的子孙手中也许并不会得到最好的照顾，谁能保证自己的后人或者后人的后人中不出几个败家子呢……

第五，不要因为"便宜"而去收藏。

紫砂世界没漏可捡，还有一句更为直接的话，就是性价比高的都是垃圾。在当今这样一个即使在英国一个不知名的小镇举行的拍卖会上出现一个清代官窑的花瓶，都会有一群国内

描金菊花壶

大佬飞去参拍的年代，根本不会有什么所谓"漏"出现。尤其是紫砂收藏，更不要有捡漏的心态，一把价格远远低于市场价的紫砂壶是不会那么巧正好落在你的手里的。如果真的出现了，而且确定是真品和完品，那么大概率只能说明这把紫砂壶原本就只值这个价格，而你对一把紫砂壶的艺术价值的判断，出现了与主流的、成熟的紫砂收藏界的偏差。

此时，你应该检查自省，把自己对紫砂壶泥、型、工的研究成果推翻或者部分推翻，重新在用和玩的层面继续匍匐，把藏壶暂且下降为留壶，自己玩得喜欢的就留下来。或许，你永远都到不了藏的层面。但不必懊恼，毕竟你用过、玩过，应该说你已经与众不同了。

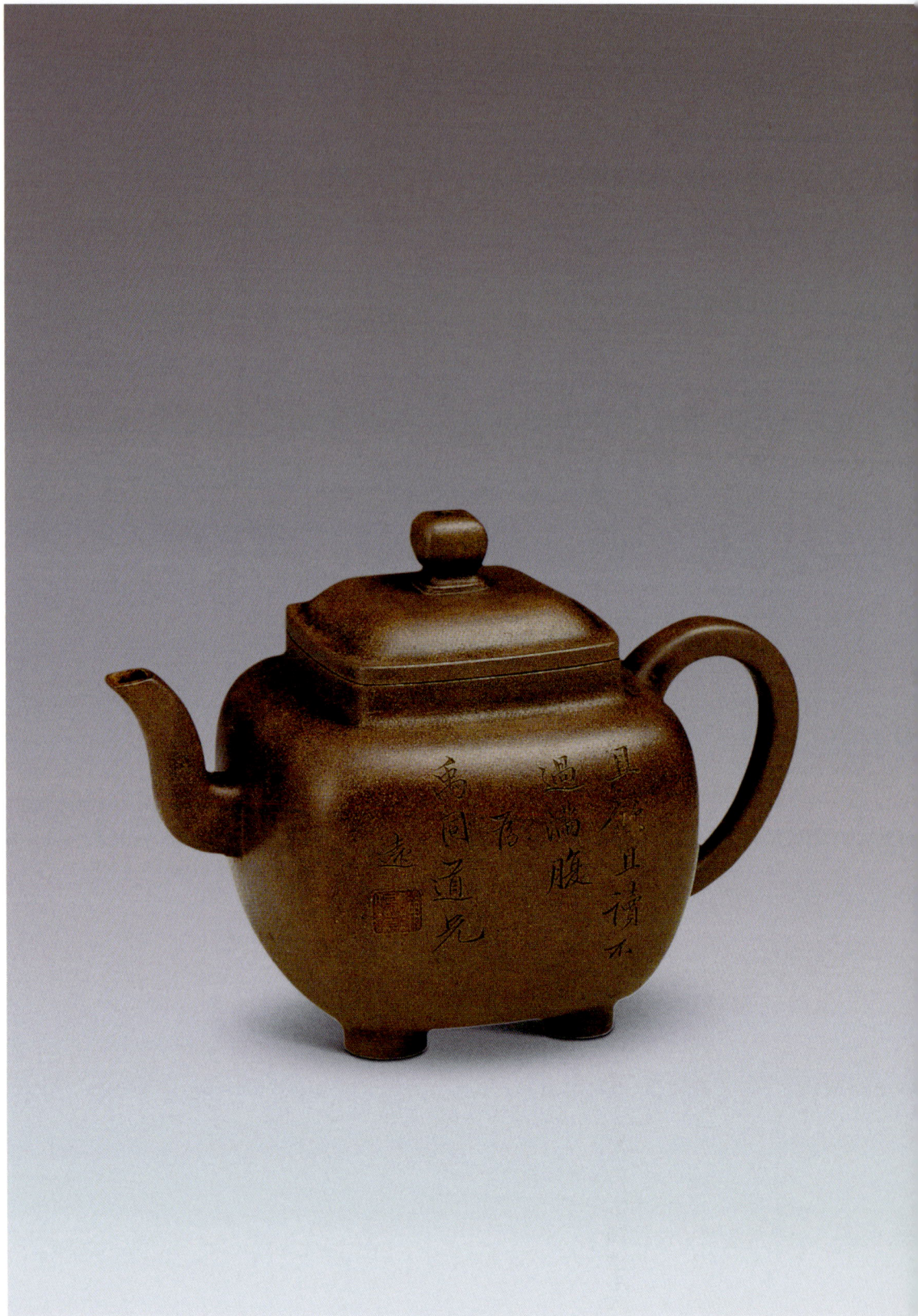

紫砂方壶 陈鸣远

提梁壶　陈曼生

乾隆御制诗紫砂壶

束柴三友 蒋蓉

乾隆御制诗金彩山水紫砂壶

三色绿梅壶 何道洪

款·传

款 · 传

虽然"泥"是紫砂之魂，但这个"款"却又实实在在是许多人最关心的一个部分，其关心程度甚至大大高于前三者。因为这一部分与人的关系最为紧密，也直接决定了这把壶的市场价值。

许多人一开始买的其实就不是紫砂壶，而是买了一本证书。这里有必要把证书说透。其实，收藏证书这种对于整个紫砂历史来说的新事物，无非就是"壶款"的一个衍生物而已。不得不承认，这个形式各异

底款

的小本本给许多人带来的满足感，确实比紫砂壶本身要高。当然，一把紫砂壶市场价值的增长，也确实是可以带来紫砂壶除饮茶之外的更为实际的愉悦，自己手中的一件紫砂作品如果在泥、型、工俱佳的情况下，又能被认定为名家之作，那自是锦上添花，逐利心人皆有之，无可厚非。但还是需要分清楚是"买壶"还是"买款"，是收藏"壶"还是收藏"证书"。款，这个本应该最后考虑的问题，许多人在买壶的第一刻便已经考虑了。

紫砂底款与古印陶是一脉相承，印陶，是古人钤印在坯体未干之前留下的印样，以表明器主姓氏或工匠名姓。也正是因此而给了市场一个错误的导向——以章的真假来辨壶的真假。可是就现在的技术，仿制一枚章根本不是难事。慢说现在，即使是百十年前，这种技法就已经存在了。一些艺人受商人之邀，在宜兴、上海等地专门为商号仿制老壶，其仿章的形式为用火漆拓下老壶印记，再用火漆印盖在仿作的壶上，印记完全一样，只是体型稍小一点。不过那时候的商人，多少还有点底线，要么印上商标，要么制壶者在鏊上或盖内印上自己的小印。

可是，当20世纪80年代名人名作的意识流行起来之后，那些在刻印店内借助电脑仿制印章的风气也就随之兴起，而且可以完全以假乱真，无论是近现代大师，还是存世的工艺师，只要给图就能依照名头论价仿刻。

紫砂壶防伪2.0——内壁章

没错，就是这个拥有惊天地泣鬼神、一登场就妖魔避让的神奇存在，坊间传言，只要有内壁章，就可以被视为全手工！

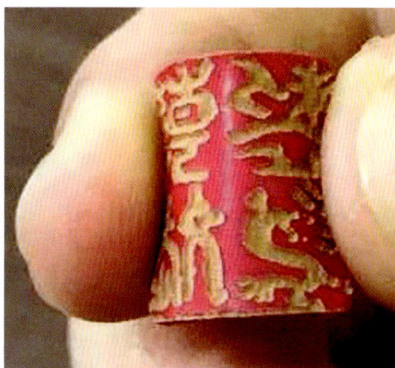

橡皮章

这让全手工制壶且不喜欢内壁敲章的人哭晕在厕所，也让无数模具制壶者天天笑着数钱。由于模具制壶是内部发力形成身筒，在这个前提下，确实没有办法保证事先在泥条上印上的章不被弄糊，可现在的模具制壶者完全不按套路出牌，他们虽然没办法事前印上，可是有办法事后印上啊。只要制作一枚"橡皮章"，就能借助其材质的可塑性，在身筒成型后的内壁上印上章。虽然与石头章有区别，但是烧制后，一般壶友还真鉴别不出来。所以，不要迷信，内壁章就是个江湖传说。

审视整个被搭建得水泄不通的紫砂价值观体系，你会发现许多蹊跷，比如"款"，比如"职称"。

职称的等级

这是许多人最关心的一个体系，但这个部分或许只是变相地影响着紫砂壶的价格，却与一把壶的真正价值背道而驰。因为紫砂行业中各种职称体系相对混乱，颁发机构不尽相同，颁发机构的不同，职称实际的含金量也不同。

"国大师"是行业内的简称，这个简称其实针对的是两个称号：中国工艺美术大师和中国陶瓷艺术大师。其中中国工艺美术大师依然还在持续评审且稳定存续，中国陶瓷艺术大师却只评定过两届。这两个称号并不是职称，而是一种国家颁给个人的荣誉称号。

第一届中国工艺美术大师的评审工作始于改革开放后的1979年，分别由当时的中国轻工业部作为领导工作小组、中国工艺美术协会作为评审工作办公室，而评审委员会则是由中国工艺美术协会从当时的专家库中挑选一流的专家组成。这样，在政府、专家和行业团体的密

五竹 何道洪

切配合下，每四年一次的"中国工艺美术大师"评选不仅进行顺利，而且还获得了行业及国家的高度认可。截至1997年，在这种评审制度下的四届评选，共产生204位国家级"中国工艺美术大师"。

但这里要指出的是，紫砂行业虽然首位中国工艺美术大师是顾景舟，但这位无论是技艺还是资历都完全够格的紫砂泰斗，却是在第二届才被评为了中国工艺美术大师的。

1997年之后，与"国大师"评审有关的国家机构发生了重大变更，原来的轻工业部体制改革后变成了轻工业局，轻工业局再经改革成为了当时经贸委的一个部分，而国家经贸委最终撤销后归属到了现在的发改委。这样，在领导机构的变更过程中，相对谨慎的"中国工艺美术大师"的评定工作也被搁置了长达十年之久，直到2006年才重新启动，到2018年，总共举办了7届。

中国陶瓷艺术大师评选则是由中国轻工业联合会和中国陶瓷工业协会共同主办的，分别在2003年、2010年各举行了一届，最终评选出的128位中国陶瓷艺术大师中，就有紫砂大家

容竹 何道洪

何道洪、汪寅仙、周桂珍等。

但凡已经获得了中国陶瓷艺术大师称号的大师一般都会再去参评中国工艺美术大师，而已经获得中国工艺美术大师称号的则未必再醉心于另一个的评审。而且当这些大师已经同时拥有了这两个称号的时候，他们更愿意把中国工艺美术大师这个荣誉称号摆在另一个的前面。

公开信息显示，2016 年 12 月 23 日，当时的中华人民共和国民政部对中国陶瓷工业协会存在不按照规定接受监督检查、违规举办第三届"中国陶瓷艺术大师"评审活动的违法行为进行了行政处罚，所以这之后中国陶瓷艺术大师的评选就再无举办了。同时因为在工艺美术领域，江苏省省大师向来在全国都是鳌头独占，各种工艺美术门类繁多，从业人员数量庞大，高手之间竞争激烈，因此江苏省的荣誉称号相应的含金量也较高，分量也较重。

现有江苏省的荣誉称号主要有：江苏省工艺美术大师（简称"省大师"）、江苏省工艺美术名人（简称"省名人"）。这两者的关系基本是，首先评出省名人，然后再有可能进阶到省大师。而只有得到了这两个荣誉称号了，才有可能去参评中国工艺美术大师。

这里要多提一句，这两者中的江苏省工艺美术名人的荣誉称号，并不是全国其他的省级单位都有，比如同样是省级单位的上海市，就暂时还没有上海市工艺美术名人的荣誉称号，但上海依然有等同于省大师的上海市工艺美术大师的荣誉称号，以及非常有建设意义的作为优秀年轻艺术大师预备队的上海市星锐工艺美术大师荣誉称号。

至于国家级的紫砂职称，除了荣誉称号之外，我们平时所说的其实都是指国家评定的各级专业职称。

国家级的紫砂职称总共有5级，从国家级工艺美术员（行业简称"美术员"）这个最初级的职称开始，随后是国家级助理工艺美术师（行业简称"助工"）、国家级工艺美术师（行业简称"国工"）、国家级高级工艺美术师（行业简称"高工"）以及国家级职称中最高的研究员级高级工艺美术师（行业简称"研高"，2019年开始改称"国家级正高级工艺美术师"，行业简称"正高"）。

研高（正高）已经是国家颁发的紫砂职称中的最高级别，上述的国大师、省大师、省名人，他们的对应职称也就是研高（正高）了。即使是拥有中国工艺美术大师和中国陶瓷艺术大师的双重称号，最高的职称也就是研高。

但有趣的是所有的紫砂国家级的职称，却都不是国家级的单位颁发的。

这一点最难令人理解，甚至是难以接受，毕竟许多在乎职称的人是无法接受的，因为这个职称的颁证机构居然在证书上下完全见不到"国字头"。相信无论是初涉紫砂的玩家还是资深的紫砂藏家，都会有这样的困扰，所以这里有必要做一个解释和分析。

虽然难以理解，但依然很好解释，理论上所有的工艺美术类的国家级职称都应该是国务院的人力资源部和社会保障部颁发的。但中国实在是地大物博，各种工艺美术门类庞杂，每个省市都有自己独特的工艺美术门类需要颁发相应的职称证书，国务院的人力资源部和社会保障部作为国务院的一个部门，如果全国的职称都由其直接颁发，是不实际且行政效率极低的。因此，这个职称颁发的权限就被级级下放。我们可以看到，除了正高级（研究员级）是江苏省的省级国家机关颁发的之外，其余的颁发机构都是无锡市人力资源和社会保障局颁发的。但这些职称却是实实在在，最扎实、最权威、最可靠的职称证明。

除上述职称体系之外的所谓职称评定都是有可能存在问题的。

大岁寒三友 汪寅仙

段泥单圈三足环龙壶 周桂珍（制） 范曾（字）

曼生提梁 周桂珍（制） 冯其庸（字）

五代诗韵留香壶 鲍志强

十六竹　季益顺

大彬僧帽　曹婉芬

竹段 徐安碧

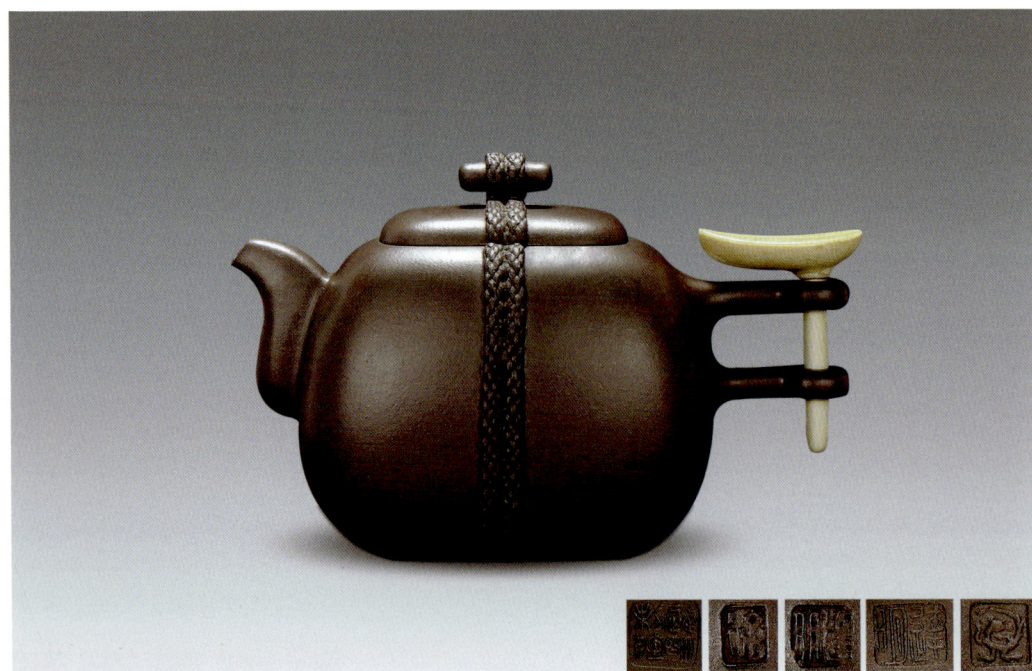

马镫 徐达明

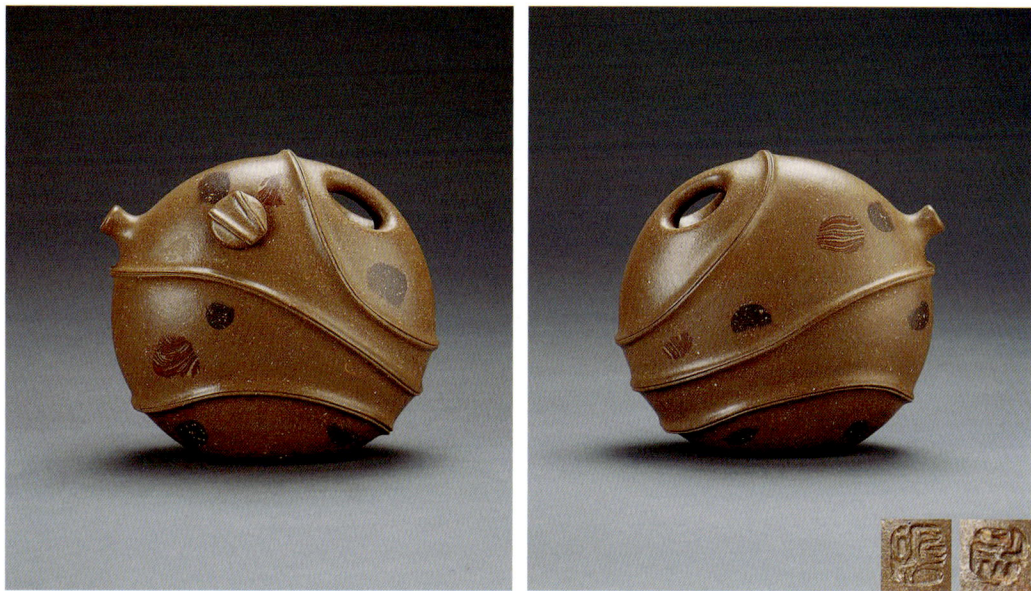

古风 吴鸣

证书的思考

无论你愿不愿意，紫砂壶的价格在过去的几十年间虽然经历了起起伏伏，但总的来说是越来越贵，紫砂壶证书也随之变得越来越考究。

不知道从21世纪的哪一年开始，紫砂壶的证书里开始多出了"持壶照"，相信大部分的紫砂壶作者不管是因为嫌麻烦还是觉得实在没必要，都不怎么愿意在证书里放一张自己手托紫砂壶的尴尬照片。但是，源于"信任危机"产生的担忧，紫砂行业中存在的各种形式的代工行为，尤其是那些所谓"大师"的昂贵的代工壶的曝光，让人们没有了应该有的安全感，虽然一张"持壶照"完全不能说明这个壶就是持壶的匠人所制作的，但至少是这位持壶的匠人"认可"的，不过，这一切也都只是聊胜于无而已。

出于"一壶一照"的追求，壶友都希望照片里作者手中托着的壶，就是与自己一一对应的那一把。谁都希望自己手里的这一把是独一无二的孤品，这也在情理之中。

请思考紫砂壶的传播在移动互联时代到底依靠的是什么，一张证书的信用是不是足够撼动紫砂壶本身的艺术价值，其实，我在之前的"泥、型、工"三个部分中其实已经说得相当明白了。

传之宝

一把需要流传的紫砂精品最需要的是真伪的认定，而这个本该在一开始就说的内容为什么到最后再提呢？因为在之前的"用、玩"的阶段，紫砂壶需要关注的是泥料的真伪和器型的对错，到了藏这一步，最重要的也是与作品客观的艺术水准和藏家主观的个人喜好相关，真伪当然重要，但不如这个阶段那么重要。这个似乎很难理解，但是举个例子出来就很清楚了。一位真正的紫砂玩家很可能叫不出一把收藏了好多年的、自己特别喜欢的紫砂壶的作者的名字，因为对于这个壶他也许只是简单地觉得泥料很好、做工很好、器型也很准，他只要自己喜欢，收藏起来时时可以拿出来把玩就可以了。

但需要"传"的作品则必须有些"说法"。这似乎已经不是一个人的事情了。对于一个长者型藏家来说，他要把壶传给后人，他得对后人、对家族负责；对于一个专家型藏家而言，他要把壶传给外人，他得对名誉、对行业负责；所以，对于"传"最需要说的就是"真伪"，如何认定，这里给出一些简单的技巧和建议。

第一，不收或者少收"古壶"，理由如下。

紫砂壶是特别难存完美品的一个收藏品种，因为壶与生俱来的实用性，其在传承过程中非常可能被磕碰，最近十年来的拍卖成交记录中排名靠前的这些传器基本上都有瑕疵。然

菱瓣圆壶 时大彬

时大彬 菱瓣圆壶、扁圆壶

拍卖结果

LOT号： 1694
估价： **咨询价**
成交价： **2,185.00万**RMB
拍卖公司： 北京保利（北京）
拍卖日期： 2019-06-03

而，一件在紫砂圈内被认为非常正常的微瑕的古壶精品，在其他艺术品门类中也许就是不能接受的，这样的古壶的流通性受到了巨大的限制，这不是古壶的错，是门类差异的问题，毕竟，一只口沿小缺的乾隆官窑花瓶，可能比同样一只完品跌去80％的拍卖价格，而一只盖沿小磕的时大彬的古壶根本不会因此出现拍卖价格的太多回落。

紫砂古壶的真伪非常难以辨别，各路专家常常会做出不同的认定结论，除非有明确记载的同一作者的作品出现对比，否则很难确定一件明清的紫砂作品的真伪。专家尚且不能统一意见的紫砂壶，一个民间的藏家若只是拿来玩赏还好，若花了大价钱收来打算传承，风险就未免太大了。

第二，不收或者少收近代的"大名头"，理由如下。
近代紫砂七老的作品是紫砂壶作假的重灾区，这七位几乎的水准在所有的紫砂书中都会提及，因此几乎所有的紫砂藏家都耳熟能详，他们是那个时代紫砂壶的翘楚，也是当时紫砂壶的最高水准。而且，这七位中的最后一位，也在新世纪刚刚到来的时候离开了人间，当面确定真伪的可能性没有了，那么他们的后人呢？

这些后人也都岁数不小，他们中的许多人已经不再从事紫砂壶的制作，因此他们的认定也未必就是准确的，其中甚至有用鉴别真伪而谋取数额不低的费用的。如果真假的认定还能有"报酬"，就显得不难么可信和纯粹了，你收了钱给别人认定出一把假壶，那是多么地尴尬呀。因此这七位老艺人的作品除了给后人认定之外，最好还能找业内信誉好、眼光好的专家把关，如果你不具备这样的专家资源的话，奉劝避而远之。

这里要强调一下这七位中最热门的顾景舟，七位老艺人中只有他还有一个"泰斗"的称谓。他的拍卖成交价也在七人中遥遥领先，因此仿冒的问题就更为严重，据说1949年前就已经有顾景舟的假壶在贩售了。

对于顾景舟，这里需要提几点。
顾景舟的壶千万不要去买没有交易过的。以顾景舟的名望，他做的所有的壶基本都已经经过至少一次以上的转手交易，不要妄想民间还会有他不为业内所知的紫砂壶遗孤等着给你捡漏。而且顾景舟紫砂壶的交易有许多都是通过各大拍卖会的，资料和细节现在都能找到，下手前仔细对比。但是，中国大陆以外的拍卖公司拍卖的所谓顾景舟作品，基本可以认定为假的，若下手，务必先请用国内知名拍卖公司或者紫砂壶专业拍卖公司中释出的顾景舟的作品做对比。

顾景舟的壶必须有证书，但不可能是顾景舟开的证书。业内认定的开具顾景舟作品证书具有权威性的四位老师是汪寅仙、潘持平、吴群祥、周桂珍。其中第一位中国工艺美术大师、德高望重的汪寅仙老师在2018年初已经过世，因此现在只剩下后面三位，这三位都是顾景舟的高徒，周桂珍更是被当作女儿一般照顾，而潘持平则跟随顾景舟多年，几乎对顾景舟所有作品都有非常深入的研究，许多作品他甚至用游标卡尺测量过，得到了非常精确的尺寸。这三位开具的顾景舟证书基本可以视为对顾景舟作品真伪的最终认定。

至于现在经常见到顾景舟自己开的证书和持壶照，在一笑而过的同时，我们也基本可以把类似"证照齐全"的顾景舟紫砂壶直接拉进假壶的序列。千万不要简单地以为有一个顾景舟的章，这壶就是值得传承的。

第三，在世大家的紫砂壶务必找到本人认定。

如果打算流传的紫砂壶的制作者还在世，那么强烈建议藏家无论如何一定要找到制作者看一眼这件作品，即使你离开宜兴很远，即使那个经销商你无比信任，都不要嫌麻烦。

在这一点上，我们尤其要强调几点。

首先，不要视见大师为畏途，对大师要有一颗平常心。许多人觉得拜访大师很麻烦，这样的念头完全不必有。大师也是普通人，你和他的最基本的关系是消费者和作者的关系，你出了钱买了价格高昂的可以传世的作品，你就该得到该有的礼遇。

其次，不需要找中间人去找这些作者或者大师。现在信息发达，完全可以自己带着壶上门问个究竟。这样做的目的是最大限度地避免中间人和某些代工的"大师"或者"作者"之

青蛙莲子 蒋蓉

大石瓢 顾景舟

间事先串通。许多以代工为生的紫砂壶"大师"或者"作者"因为外面代工的东西太多，完全记不得自己是不是有这件作品交外人代工了，直接带壶"杀人"很有可能杀个措手不及，对方很可能在慌忙间先否认作品是属于他的，然后再去找卖你壶的人，如此这般，也许你会揭开很多人的真实面目。

　　总之，在真伪辨别的这件事情上，要做到将自己置于整个宜兴紫砂世界的"对立面"，考虑最难琢磨的人心，千万不要碍于面子将本该做彻底的事情半途而废。既然是要传承，那么你就不是只为你自己负责了。

匏瓜壶　陈曼生

竹段壶 陈曼生

金涂塔形紫砂壶 邓奎制

竹图石瓢壶 杨彭年（制） 瞿子冶（刻）

封面故事

说到陈鸣远，有一把壶是绕不过去的，那就是他的《歪把梅桩壶》。

我从书上看到这把壶是什么时候已经记不清了，但我却清晰地记得这张照片的下面写着"作者清康熙陈鸣远，现藏于美国西雅图博物馆"，因为照片的拍摄使用了广角镜头，使成像有了一定的畸变。所以，当时这把鼻祖级的《歪把梅桩壶》并没有真正引起我的兴趣，但隐然觉得，这把壶的造型实在是有些"穿越"，简直可以说是那个时代不应存在的。

直到2006年，我在一个紫砂论坛上看到了另外一把《歪把梅桩壶》，那是中国工艺美术大师汪寅仙的代表作之一，也是我第一次能够清清楚楚看清这把《歪把梅桩壶》。虽然这依旧不是"上手"的实物，但当时的数码技术已经使得图片的清晰度像是呈现实物了。看着那奇绝的造型，以及在大师巅峰时期明针功夫下器物表面丝滑如玉的漫反射，我禁不住拍案。最初的希望只是能够看一眼真迹，但仅仅是这样一个小目标，也是好几年后才得以实现，而且还是在汪寅仙大师家中。当我的经济条件开始能允许自己接触更好更贵的紫砂壶的时候，第一个想到的就是几年前在论坛看到的《歪把梅桩壶》，在圈内广撒英雄帖之后，很快就有了一位愿意出手的藏家。但是通过照片，我发现这位藏家手里的那把《歪把梅桩壶》身筒的正面有一颗半粒芝麻大小的铁痣。虽然这种小铁痣不应该影响自己的收藏判断，但出于对这件作品的特殊喜爱，当时的我是不能忍受这件作品上存在一丝一毫的不完美的，最终与这件作品失之交臂。好在汪大师的另外一件作品《圣柏壶》正好也在这位藏家的出手之列，于是不甘落空的我就收了这件传器。也是因为有了这件《圣柏壶》，按照行业内的规矩，得以拜望汪寅仙大师，虽然真伪一目了然，但是上门请作者亲自掌眼，是收藏这些大师传器不成文的规则。这次拜访，让我有幸第一次看到了《歪把梅桩壶》的实物。当时的我觉得浑身都在

发抖，虽然大师家的这件作品也是一件残件，因为它原来的主人是一位宝岛台湾的壶友，9·21大地震时，他虽然抱着这把壶冲出房屋，但不慎跌破了壶盖，几经周折，这位壶友找到汪寅仙，希望请大师出手修复，但这样"挖盖做盖"的补配是无法做到的。于是，汪大师就用自己的一件得意之作，换下了这把残件。由此可见这把《歪把梅桩壶》在其所有作品中的分量是不轻的。

2018年2月28日，汪寅仙大师突然去世，她的这件《歪把梅桩壶》作为其在业内公认的巅峰之作，身价也日趋高涨。自此之后，我再也没有看到过《歪把梅桩壶》。直到2019年，有幸拜入何道洪门下，猛然发现，老师的一件《歪嘴梅桩壶》套具，早就在拍卖市场上创出了高于在世紫砂大师最高1200万的真实成交价，显然，这件作品也是对陈鸣远那件远在西雅图的原作的膜拜，但是因为没有办法看清那件作品的全貌，所以何道洪的这件作品与其说是模仿陈鸣远，不如说几乎已经接近原创了。

后来通过旅居西雅图的师妹拍了多张在西雅图博物馆的《歪把梅桩壶》的照片，我这才第一次看到了这件作品的背面。

无论是何道洪还是汪寅仙，对于这把壶背面的猜测都是错误。这是一截与壶身颇为对应的非常壮硕的树枝，而且这段树枝虽然壮硕，其内在却是空心的，在做到完美的平衡的同时，空心的树枝壶把既减轻了壶身的自重，也顺带着大大炫技了一把。我在想，汪寅仙大师如果尚在人间，或许还会再有重新做一次《歪把梅桩壶》的冲动。

2019年，这件由何道洪的爱徒陈成自2017年开始反复修改多稿的《歪把梅桩壶》最终定型，何道洪大师在朴实的赞许之后，对陈成说了五个字 "留给我看看"。当时作为一位参与了这件作品定型的紫砂爱好者，有老师的这五个字就够了。

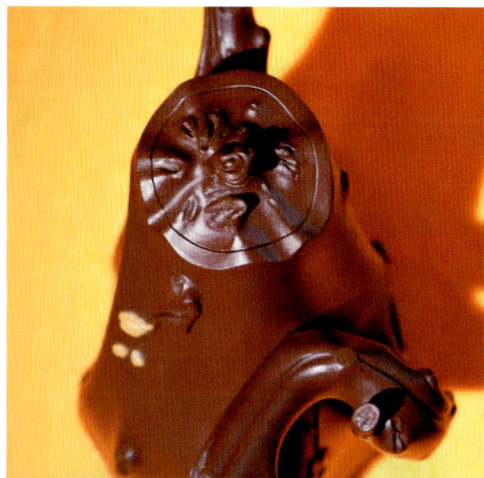

歪把梅桩　陈成

后记

　　此书从2020年的4月开始，陆陆续续，耗时接近二年终能成书。在此要感谢上海人民美术出版社对我专业知识的信任，以及本书的编辑对我拖沓的写作节奏的容忍。

　　很多朋友都叫我壶痴。

　　2021年的1月才真正步入不惑之年，但从我开始接触紫砂算起却已近二十年。所以许多朋友都会有这样的疑问："是不是你们家大人有喜欢紫砂的？"答案却是"没有"，无论是已经故去的父亲，还是我的母亲，都不是业内人士。但若说自己最终会决定从事紫砂收藏与研究，母亲却从一个看似怪诞却又是关键的角度给了我步入紫砂正途的一次因缘，并在之后道路上给我启发和鼓励。

　　母亲祖籍是浙江台州人，属马，至今能听懂当地的温岭话。记忆中，外公在世的时候他们之间让我瞥见的少数几次交流，应该说的都是温岭话。而与外公的"隔代亲"也练就了我这个生在上海、长在上海的第三代"海上移民"类似的温岭话的语言能力。如果说真有家族传承，这可以勉强算一个吧，但正是这个看似无关紧要的遗传，却成了我入得紫砂之门的钥匙。

　　母亲有着那个地方老一辈的人的许多特征：聪明且勤劳，灵活而坚韧，克己但大方。这样的人一定八面玲珑，也一定有很多真正的朋友。但她并不和朋友喝茶，除了最近几年会在朋友之前提到我，也基本不会与别人谈论紫砂，甚至她本人还是一个近乎疯狂的咖啡爱好者，用过的家用咖啡机已经有三台之多，但我塞给她的茶壶和茶叶，却大都被她转手送给了她的朋友。这样一个母亲怎么会培养出一个堪称壶痴的儿子呢？

　　说来也许不信，这其中甚至有些传奇的味道。我记得自己大学毕业后的第一份工作的工资每月也就3000元上下，然而我却在那一年的一个周末的闲逛之后，买了一把7500元的紫砂壶……

其实在大学就已经会在寝室的方寸之地支起个迷你茶摊，用紫砂泡普洱喝的我，在毕业后的头一两年养成了周末抽空逛城隍庙或者茶城，看看紫砂壶、淘淘小玩意儿的习惯。当然，只看不买是常态，把玩上手过个瘾才是目的。当时的我，对于紫砂壶的要求也就停留在一个好看、好用的程度。直到那一个夏天的周末，我在城隍庙的一家紫砂老铺的一楼见到了一把店主还没来得及拆包装的《东坡笠》。好奇心驱使我说服了老板让我看了一眼这把据说是海外回流的紫砂壶，我生平第一次意识到，一把紫砂壶居然能够那么"贵气逼人"，这和店铺一楼其他的紫砂壶简直就是天差地别的两类东西。后来，我才知道，原来这个店还有一个只针对高端玩家的二楼，而这把壶只是在还没来得及上二楼的时候被我看到了而已。

那一天，从来没有上过二楼的我，有些莫名激动和忐忑地从一楼的狭长走道爬上了这家来过无数次的紫砂店的神秘二楼。

我记得自己问这把《东坡笠》价格的时候是很紧张的，以至于我连二楼其他的壶一眼都没有看，就直接在二楼靠窗台的茶桌边坐下了。现在回想起来，那个时候估计内心也因为露怯而不自觉地在抵触去看二楼那些可能会更加昂贵的壶。接待我的是老板的儿子，和我年龄相仿，他似乎对这把刚刚到手的作品也不熟悉，一问之下竟然也不知道该如何报价，因而他立马把守在一楼的父亲叫了上来，然后儿子从父亲的口中得知了这把壶的进价就是7500元——他们之间的对话足足有半分钟，但直至这半分钟过后，我才像过电一样发现，眼前这对父子居然在用温岭话交流，他们显然认为我是听不懂他们之间刚才那段小声且语速超快的家乡话。于是儿子给了我一个报价：人民币12000元。

当年刚毕业没多久的我显然涉世不深，我没有装模作样地接着和这个小掌柜絮叨，而是

东坡笠

直接反驳道："不是7500吗？我听得懂你们的温岭话。"同样涉世不深的这位小掌柜眼看加价的事儿败露，红着脸叫来了他父亲施以援手。一番老乡相认之后，我居然发现了两件很巧的事：第一，这对父子居然和我母亲同姓，说不准同是温岭老乡的我们还真有可能沾亲带故；第二，这把壶的作者名字中居然最后一个字和我母亲相同，要知道这个字出现在人名中可是相当罕见。既然成本价已经被我知晓，又有这样的巧合，老板欣然决定这把壶就一分不加，成本给我了。

一阵激动退却后，骑虎难下的反倒是我了，因为这可是7500元，是我当时两个多月的工资啊！但我性格随我母亲，既然已经交了朋友，朋友也表达了诚意，自己但凡还能做到的事儿就得尽我所能办到。最终，这把壶我是在刷爆了我人生第一张额度才5000的信用卡并且到旁边的银行再取了2500元现金后，才颇为狼狈地付掉的。

因为从母亲这里的语言遗传，我收到了人生中第一把真正达到收藏级的紫砂作品。但当拿着这把壶回家时，我的内心却多少有些惶恐。刚刚毕业的我开始用自己大学一年的学费来揣度这把壶带回家后父母可能的反应，要知道，我当时一年的大学学费才3800元，而3800元对当年我们的家庭而言可不是一个小数字。这把壶一下就花了我接近两年的大学学费……还有，那刷得干干净净的5000元的信用卡，我下个月怎么办……

晚饭后，我找了个最合适的时机，避开向来节俭的父亲，拿出了这把壶，我先把价格和当家人的母亲公开了，然后我又把白天的传奇故事告诉了她。母亲表情淡然，只是下意识地多看了一眼壶。"东西是好东西，买了就买了吧，直接买个一步到位的好东西也好的！"这是母亲给我的定论，其实也是我在刷爆信用卡额度时自己安慰自己的说辞。

现在想来，母亲很多时候和我讲的道理其实和知识无关，因为小学之后，她几乎就没有办法在知识上再给予我什么，但那些道理其实就是"思想"。日后的人生告诉我，"思想"有时候比"知识"重要得多。一个缺乏思想，但满腹经纶的人往往会造成很多问题。

"买好东西的人，越买越富。贪便宜的人，越贪越穷。"这就是母亲信奉的道理以及我所认为的"母亲的思想"。在我近40年的人生中，尤其是最近的10年间，这句话让我在紫砂收藏道路上获益匪浅。事实上，你贪到的永远不会是真的便宜，而看准之后的好东西，也许并不便宜，但你会发现，这些"好东西"无论在收藏还是在流转的过程中，都会让你遇到知音，同样这些东西也会让你在紫砂的研究上始终不偏不倚地走在正道之上。

已经记不得是什么时候还清了那张信用卡额度的了，反正从此之后我知道了三件事情：
第一，当一个平时很少刷卡的人突然大额消费的时候，银行会及时来电话询问；
第二，有一种信用卡还款方式叫"最低额还款"；
第三，再去城隍庙这家店，直接上二楼。

如果没有母亲的乡音，没有母亲的这个"道理"，或者那把《东坡笠》的作者名字的最后一个字不那么巧和我母亲的一样，也许就不会有自己如今的这样一份事业，也不会有眼下这本书。

最后，还是要感谢上海人民美术出版社，以及所有在我初次著书的过程中给予帮助的朋友们。

黄鹏程

2021年11月

图书在版编目（CIP）数据

说壶 / 黄鹏程著. — 上海 ：上海人民美术出版社，
2021.2

（国家珍宝系列丛书）
ISBN 978-7-5586-1871-0

Ⅰ．①说… Ⅱ．①黄… Ⅲ．①紫砂陶－陶瓷茶具－
收藏－中国 ②紫砂陶－陶瓷茶具－选购－中国 Ⅳ.
① G262.4 ② F768.9

中国版本图书馆 CIP 数据核字（2020）第 238556 号

说 壶

出 版 人：顾 伟
著 者：黄鹏程
责任编辑：戎鸿杰
助理编辑：刘畅
封面设计：译出文化
技术编辑：陈思聪
图片拍摄：黄鹏程
出版发行：上海人民美术出版社
    （上海市闵行区号景路 159 弄 A 座 7F）
    邮编：201101
网 址：www.shrmms.com
装帧排版：上海典画文化传播有限公司
印 刷：广西昭泰子隆彩印有限责任公司
开 本：787×1092mm 1/16
印 张：14.25
版 次：2022 年 1 月第 1 版
印 次：2022 年 1 月第 1 次
书 号：ISBN 978-7-5586-1871-0
定 价：138.00 元